Keizer in het Koninkrijk

Mijn pad er doorheen

Jeroen van Buuren

7 juli 2018

ook van Jeroen: Zelfmoord – je bent zo weer terug op aarde

omslagfoto: Rihaij

Christus Brieven en Boeken Uitgeverij - Renkum

Om bij te dragen aan een wereld waarin het Goddelijke een prominente plek heeft

Waarom houdt iedereen op de wereld van een goed verhaal? Miljoenen en miljoenen verhalen worden aan andere mensen gepresenteerd door middel van een constante stroom boeken die jaarlijks worden geschreven en gepubliceerd.

Toen ik Jeroen van Buurens "De Keizer in het Koninkrijk" las en op pagina 12 kwam, stuurde ik hem een e-mail met de mededeling: "Jeroen, dit ben jij!"

Ik ken Jeroen al meer dan vier jaar.
Hij en zijn gezin wonen in Nederland.
Ik en mijn familie wonen in Canada.
We Skypen elkaar gedurende minstens een uur per week.
Hij kwam op bezoek bij mij en mijn vrouw in Parijs.
Hij kwam me een week lang in Canada bezoeken.
We zijn samen betrokken geweest bij verschillende projecten.
We hebben onze verschillen en delen toch een diep respect voor elkaar.
We delen een gemeenschappelijk spiritueel pad.

Als ik aan Jeroen denk, komt het woord 'authentiek' in me op.
Authentiek: echt, waarachtig, betrouwbaar, vertrouwenswaardig, respectabel, eerlijk, feitelijk.
Hij zou 'confronterend' toevoegen.

Ik weet niet hoeveel mensen jij kent of gekend hebt die je 'authentiek' zou noemen?
Maar als je er een wilt ontmoeten, om zijn verhaal te leren kennen, zijn levenservaringen, zijn tegenslagen en beproevingen en zijn successen, duidelijk, puur, eenvoudig, lees dan dit boek.
Je zult blij zijn dat je dat gedaan hebt en je zult een nieuwe vriend in je portfolio hebben die je kan onderwijzen en inspireren. Hij heeft dat bij mij gedaan!

Ernie Tadla

Inhoud

Voorwoord 8
Ik en jij 13
Mijn aankomst 15
Angst voor anderen 18
Coma 20
Jij hoort hier niet 22
E 50: zeilboot te koop 24
De sluwe pottenbakker 27
Een schoolreisje 30
Fietsen in Frankrijk 34
Een voldoende voor Engels 37
Amerika 40
Een schietincident 45
Studeren 47
Ik zet mezelf klem 50
Informatica 53
Liefde in Frankrijk 56
Spreadsheet onderricht 60
Boerderij met mijn neef 63
De bubbel barst 67
Schellinkhout 69
Taxateur inventaris 71
Spontane regressie 73
Burn-out 76
De ziektewet in 81
Stem 84
Pissebeddenplaag 86
Het dak eraf 89
Trap die niet past 91
Een levensverzekering 95
Tarot 97
Een auto in de voorpui 100
'Een Cursus In Wonderen' 104

Boekhouder	107
Verkoop Schellinkhout	112
Een auto voor ons	115
Lesgeven in Arnhem	120
Dagaz: spiritueel centrum	122
Naar het oosten	125
Het doek valt	128
De bevrijding	131
Workshop opnieuw geboren worden	136
Stoppen met boekhouden: 9.000 euro	139
Vredestichter	143
Christus Keert Terug – Spreekt Zijn Waarheid	148
Mediteren	152
Excel expert	156
Vertalen	159
Brieven lezing: zes weken in opleiding	164
Eindeloos bewustzijn	168
Boekje	171
Sound-healing	174
De bodem valt uit de Brieven	177
Voorgelezen over zelfmoord	181
Ernie	184
Werken voor het minimumloon	189
Laatste keer boos	194
Business Bootcamp: toch maar een missie	196
Een drievoudige hernia	199
Human Design	203
Het huis verkopen	207
Een tekst van meer dan 25 jaar geleden	211
Gebed	214

Voorwoord

Al vele jaren heb ik mij voorgenomen om eens te schrijven over de wonderbaarlijke dingen die ik in mijn leven heb meegemaakt. En nu is de tijd daar.

De reis die ik tot nu toe gemaakt hebt, beslaat iets meer dan 54 jaar. Daarin heb ik altijd geweten dat er iets is dat mijn leven richting geeft. Ik noem het God. Veel mensen vinden dit geen goede term en vervangen het door iets anders als Licht, het Universum, Liefde of Allah. Het maakt me niet uit. Het gaat erom dat er een kracht is die groter is dan ik, die meer weet dan ik, beter in staat is om mij te begeleiden dan dat ik ooit mijn eigen pad kan vinden. Om dit te laten zien heb ik, naar aanleiding van een idee om in 28 dagen een boek te schrijven, een chronologische lijst gemaakt van gebeurtenissen uit mijn leven. Ik heb geen idee hoe het boek eruit gaat zien, maar geef het over aan het Goddelijke.

Dit is een goed punt om even stil te staan bij het verschil tussen het volgen van religie en het volgen van God. Religie is een stel regels die mensen met elkaar hebben ontwikkeld om zo structuur en herkenbaarheid aan te brengen in het leven van alle dag. Het Goddelijke is precies het tegenovergestelde. Het is DAT wat je kunt volgen om het beste resultaat te verkrijgen voor iedereen die betrokken is in een situatie. Maar het heeft geen enkele structuur, geen herkenbare logica. Dat is ook het lastige aan het accepteren van leiding. Het is maar zeer zelden dat het resultaat meteen zichtbaar is. Je weet niet wat een bepaalde actie zal opleveren. Of het wel is wat je wilt.

Dat is maar goed ook. Op dit moment geef ik regelmatig lezingen voor groepen van tien mensen. Dat gaat me gemakkelijk af. Ik kijk er nu naar uit om voor grotere groepen te staan, van ongeveer zestig mensen. Maar zoals je zult lezen, is er een tijd geweest dat de gedachte aan een lezing alleen al mij angstzweet bezorgde. Had iemand mij eerder verteld dat ik voor groepen zou staan, was ik waarschijnlijk in elkaar gekrompen en had ik nooit iets in die richting ondernomen. Ben ik dan zo volmaakt dat ik altijd al mijn ingevingen volg? Nee, zeker niet. Ook ik deins terug voor een idee of gedachte. Gaandeweg leer ik echter dat ik daardoor niet verder kom, in een cirkeltje blijf rondlopen. En dus besluit ik dan om weer een stap te nemen en zie ik het wonder zich weer ontvouwen. Ik hoop dat dit boek je mag inspireren om ook jouw pad te volgen. Natuurlijk doe je dat al, kijk maar eens terug wat er allemaal op jouw weg gebeurd is. Je pad heeft je gebracht waar je nu bent en heeft je gemaakt tot de prachtige persoon die je bent.

Jeroen

Een liefdevol universum

Zoals je uit het bovenstaande wel kunt opmaken, geloof ik in een liefdevol universum. Eén waar je kunt ontspannen en weet dat er op de meest volmaakte wijze voor je gezorgd wordt en dat alles wat er in je leven gebeurt deel is van het groeiproces waarin iedereen zich bevindt. Alles gebeurt met een reden, alles heeft een oorzaak en gevolg. Natuurlijk kun je het anders zien. Immers, niet alles lijkt even perfect geregeld op deze aarde. Misschien heb je het zelf wel allerminst goed.

Voor mij komt iedere andere keuze uit op een wereld waarin er geen enkele orde heerst. Waarin ik overgeleverd ben aan een mengelmoes van voorspoed en tegenspoed waar niemand enige invloed op uit kan oefenen.

Waarom 'het Koninkrijk'?

Voordat ik begin met mijn verhaal wil ik eerst iets zeggen over waarom ik de titel gekozen heb. De term het Koninkrijk der Hemelen of Koninkrijk Gods wordt een aantal keer genoemd in de bijbel als een uitspraak van Jezus. Het is een metafoor voor het leven vanuit een bewustzijnsstaat waarin je weet dat er niets te vrezen is en dat alles precies is zoals het hoort te zijn. Dat er in al je behoeften wordt voorzien. Dit komt omdat je volledig in harmonie leeft en handelt met het intelligente leven dat het universum vormgeeft.

Soms wordt er gezegd dat dit niet menselijk is, dat het reiken naar deze Goddelijke staat zinloos is, omdat het toch niet gaat gebeuren. In de loop van de jaren ben ik gaan inzien dat dit soort gedachten, overtuigingen, je vastzetten in je eigen geloof. Je werpt als het ware een muur op, waardoor er niets anders meer kan gebeuren. In dit geval blijf je dus menselijk. Mijn wens is dat niet. Ik wil groeien naar het Goddelijke wezen dat ik in de kern van mijn wezen ben.

Tot mijn vijftigste ging het mij voor de wind. Natuurlijk heb ik mijn aandeel in tegenslag gehad, maar er was altijd weer een nieuwe wending, iemand die iets aandroeg. En omdat ik gek genoeg ben om de meeste ervan op te volgen, had ik het goed. Het probleem was dat ik het me niet bewust was. Ik dacht dat het leven zo hoorde te zijn. Sterker nog, als er zich niet binnen een (door mij gestelde) redelijke termijn iets nieuws voordeed, werd ik ongedurig, zelfs verwijtend naar het Goddelijke toe. Ik vond dat er voor mij gezorgd *moest* worden.

En dus viel in 2014, een paar maanden nadat ik vijftig geworden was, voor de tweede keer de bodem uit mijn leven. De eerste keer was toen ik 28 was en mij volledig over de kop had gewerkt. Volgens de astrologie kom je na je vijftigste heel veel van je levensthema's voor de tweede keer tegen. De bedoeling is om nogmaals door eenzelfde reeks gebeurtenissen te gaan, maar nu bewust en handelend in plaats vanuit de slachtofferrol.

De afgelopen vier jaar hebben me geleerd dat het Goddelijke altijd voor iedereen zorgt, maar dan wel in het ritme dat goed is voor iedere betrokkene. Dat vraagt dat ik kan ontspannen als het stil is in mijn leven, wetende dat er iets moois ligt om afgeleverd te worden op het juiste moment. Ook ben ik gaan zien dat alles wat ik denk of doe, zijn weerslag heeft in mijn leven. Omdat ik werkelijk in het Koninkrijk wil leven, wil ik mij steeds meer bewust worden van wat ik denk en doe. Zijn mijn gedachten wel in overeenstemming met Liefde? Doe ik wel dat wat bijdraagt aan het hoogste goed van eenieder?

Misschien klinkt het als een gigantische opgave. Iets waar je heel veel voor moet laten om het te bereiken. Het mooie is dat het tegenovergestelde het geval is. Hoe meer ik deze intentie omarm, hoe meer ik ga ervaren hoe heerlijk het is om 'goed' te doen. Om anderen te zien als even waardevol als mijzelf, als hardwerkend om het beste uit zichzelf te halen. Hoe pijnlijk het is voor mijn wezen (en mijn lichaam) om anderen af te wijzen of te kleineren.

Elkaar begrijpen is een wonder

Een mooie openbaring voor mij was een eendaagse training NLP. Voor mij was NLP altijd iets dat je kon gebruiken om anderen te beïnvloeden. Omdat ik van iemand hoor dat dit een geheel verkeerd beeld is, neem ik deel aan de training.

Wat tijdens deze dag heel erg tot mij doordrong is dat iedereen een heel stel filters heeft waarmee de wereld wordt geinterpreteerd. Iedereen heeft zijn unieke set aan overtuigingen, gedachten over hoe de wereld in elkaar zit en hoe je je moet gedragen. Daarnaast worden deze gedachten ook nog omgezet in gevoelens die voor iedereen anders zijn.

Om het nog ingewikkelder te maken onderscheid NLP zes verschillende niveaus van waaruit iemand kan communiceren. Het eerste is het aardse vlak. Een persoon die vanuit dit niveau praat, benoemt vooral wat tastbaar en zichtbaar is. Dus bijvoorbeeld de artikelen die in een bepaalde winkel worden aangeboden en wat ze kosten. Het zesde niveau gaat uit van een missie: wat is het dat je wilt geven aan de wereld. Iemand die vanuit dit niveau praat, kan in dezelfde winkel een verhandeling houden over waar de artikelen vandaan komen en wat de impact daarvan is op het milieu. Het drong toen tot me door dat het een ongelofelijk wonder is dat we met elkaar kunnen samenwerken, als je bedenkt dat iedereen een unieke manier heeft om wat tot hem komt te interpreteren!

Ik en jij

De hoofdstukken die volgen hebben allemaal eenzelfde opbouw. Eerst beschrijf ik een episode. In de beschrijving spreek ik zoveel mogelijk over mezelf, daar kan ik iets over zeggen. Ik ga niet in op mijn herkomst of gezinssituatie, enkel wanneer dat belangrijk is voor het verhaal, benoem ik het. Ik doe dit omdat ik geloof dat daarmee de essentie, de hulp die er voor iedereen is, het beste naar voren komt.
Daarna volgt de les die voor mij uit de gebeurtenis spreekt. Daarin gebruik ik een mengeling van jij en ik. De reden daarvoor is tweeledig. Aan de ene kant wil ik je hiermee uitnodigen om de informatie ook op jezelf te betrekken. Wat voor mij geldt, geldt wellicht ook voor jou. Daarnaast wil ik voorkomen dat deze stukken een soort ik, ik, ik verhaal worden.
Ik nodig je uit om de stukken te lezen met een open houding. Misschien roepen bepaalde delen heel veel weerstand of verzet op. Dat is goed, want dat geeft aan dat er iets in jou geraakt wordt.

Ik moet niets

Wat direct bij mij binnenvalt na het schrijven van dit stukje, is de opmerking van veel mensen dat 'ze niets moeten'. Ik kijk daar anders naar. Er zijn in het leven gewoonweg dingen die gedaan *moeten* worden. Ademhalen is het meest voor de hand liggende voorbeeld. Stop je met ademen, dan eindigt uiteindelijk je leven. En zo is het ook met leven naar de spirituele wetten. Sommige dingen *moeten* gewoon gedaan worden. Hier is de meest voor de hand liggende: meditatie. Daarmee open je je wezen voor het ontvangen van leiding en wordt het eenvoudiger om je ego te beheersen. Voor mij is het ook essentieel, een moeten, om iedere dag bezig te zijn met spiritualiteit. Mijn vriend Ernie, die ik later aan je voorstel, noemt dit spiritueel tandenpoetsen. Zorgen dat je geest gereinigd wordt van alle mis-gedachten die zich hebben gevormd.

Mijn aankomst

Op 13 juni 1964, net als de zon begint op te komen, besluit ik om mijn aardse reis te beginnen. Mijn moeder weet nog dat ze lag te slapen en wakker werd omdat ze voelde dat ze ging bevallen. Niet een rustig begin, met een wee hier en een wee daar. Nee, pats boem, ze voelde het duidelijk, dit was een perswee. En dus stootte ze mijn vader wakker, meldde dat ze NU moest bevallen en dat de dokter gebeld moest worden. Mijn vader geloofde er niets van. Maar niet veel later plopte ik de wereld in. Ik heb drie dagenlang alleen maar gehuild. Ik was ontroostbaar.
Er zijn twee redenen aan te wijzen waarom ik zo moest huilen. De eerste aards, de tweede spiritueel.
Toen ik nog maar een klein klompje eicellen was, maakte ik een schokkende gebeurtenis mee. Mijn moeder was namelijk zo blij dat ze weer in verwachting was, dat ze enthousiast op de brommer sprong om zo maar een eindje te gaan rijden. Ze hield van die brommer, het gevoel van geborgenheid dat de ronde tank haar gaf. Tegelijkertijd maakte het iets in haar los. Ze reed vaak te hard, te onbezonnen. Daardoor zag ze de auto die op haar afkwam te laat. Maar niet zo laat dat ze niet in een flits kon beseffen dat ze, met de klap die haar te wachten stond, haar net verworven wonder weleens kon verliezen. Ze stierf duizend doden tegelijk.
Na de aanrijding werd ze in een ambulance naar het ziekenhuis gebracht, waar men haar aan de nodige testen onderwierp. Toen er echter voorgesteld werd om een röntgenfoto te maken om zeker te weten dat haar heup niet gescheurd was, weigerde ze, omdat ze mij niet wilde verliezen. Dit was de eerste keer dat ik op wonderbaarlijke wijze op deze aarde werd gehouden.

Het klinkt wellicht als een raar idee: zo klein en dan al ervaringen opdoen. Ik geloof dat alles dat leeft bewustzijn bezit, dus ook de eencellige amoebe die wat in het water rond kan bewegen, is zich bewust van zijn omgeving. Dus ook ik, een paar weken oud, heb meegekregen wat mijn moeder heeft ervaren. Die angst moest eruit toen ik geboren werd.

De andere reden voor mijn intense verdriet komt voort uit de manier waarop mijn vorige leven is beëindigd. Hoe dat zit, kun je lezen in het boekje 'Zelfmoord – Je bent zo weer terug op aarde'

Je kiest je ouders

Alles in het leven is erop gericht om jou tot volle wasdom te brengen. Hiervoor kies je de ouders die je daarbij het meest kunnen stimuleren. Dit betekent dat je die ouders kiest die precies dat aanraken wat jij nodig hebt om te groeien.

Zo heb ik van mijn ouders dingen gezien en geleerd, die ik heel belangrijk vind en die ik door wil geven aan mijn kinderen. En ook zaken die ik 'slecht' of zelfs 'onacceptabel' vind en die ik mijn kinderen nooit wil aandoen. Het is daarbij mooi om te zien dat ik in de dingen die ik anders wil doen, doorsla en juist te dicht op mijn kinderen zit, of ze veel te veel vrijheid geef. En dat mijn kinderen wat ik doe of zeg soms juist helemaal niets vinden. Toch weet ik dat iedereen op deze manier steeds dichterbij zijn eigen unieke kern komt.

Kies je dan je ouders, of word je door het leven gedwongen? Mijn uitgangspunt is dat iedereen een vrije wil heeft. De wil om precies dat te doen wat het beste lijkt in een bepaalde situatie. Ook bij het kiezen van ouders ben je vrij. Kies je een plek waar je in harmonie opgroeit of ergens waar je voortdurend voor je ruimte moet vechten. Beide geven een andere start. Als je nu een moeilijke gezinssituatie hebt, weet dan dat dit jouw keuze was. En dat alle hulp voor jou aanwezig is, als jij bereid bent om die aan te nemen.

Angst voor anderen

Een van de dingen waar ik mijn hele leven last van heb gehad is angst. Een diepgeworteld gevoel dat het 'hier niet veilig is'. Een van de resultaten van deze angst is dat ik heel lang bang ben geweest om onderuit gehaald te worden, voor gek te staan, de buitenstaander te zijn.
Ik had het gevoel dat ik er niet bij hoorde, dat ik raar gevonden werd. Het boek dat je nu leest is de vierde versie. Er zijn er al een aantal geweest, waaraan ik begonnen was, die ik weggegooid heb als zijnde onacceptabel. Vooral voor jou als lezer dan. Ook nu zit ik weer op hetzelfde punt. Ongeveer anderhalf jaar terug ben ik begonnen aan dit document. En toen ik het een paar dagen geleden opende, vond ik het helemaal niets. Vooral dat ik mijn eigen inzichten aan het eind van ieder stuk schreef, vond ik echt slecht. Toch kies ik ervoor om nu door te zetten. Vaak als ik met mensen zit te praten en vertel over dingen die ik heb meegemaakt, merk ik dat de gebeurtenissen een inspiratiebron zijn om anders naar het leven te kijken.
En dus haal ik diep adem en besluit om iedere dag een stuk uit te werken. Én samen met een goede vriendin een familieopstelling te doen om te kijken naar de oeroude angst om als ketter te worden veroordeeld.

Angst mag er zijn, maar laat het je niet tegenhouden

Ergens las ik deze zin en het is voor mij een lijfspreuk geworden. Hoe angstaanjagend iets er ook uit ziet, als het op je pad komt, betekent het heel waarschijnlijk dat je er iets mee te doen hebt. Hoe langer je het uitstelt, hoe groter de uitdaging en waarschijnlijk ook de angst wordt.

Zeg ik daarmee dat je alles dan maar gewoon moet doen? Nee, het kan zijn dat iets zoveel angst oproept, dat ik volledig vastsla. In zo'n geval laat ik het echt voor een tijd los. En zoek naar manieren om anders met de angst om te gaan.

Coma

Op een winterdag in februari 1966 voltrekt zich het volgende hoofdstuk in mijn geschiedenis. In de logeerkamer van onze flat staat aan de zijkant een opklapbed. Bovenaan zit een stang, waarmee het bed ontgrendeld wordt door deze naar voren te trekken. Met het naar beneden zakken, komt de stang naar voren en vormt zo een bed poot over de hele lengte van het bed.
Op die bewuste middag ben ik alleen in de kamer, samen met het hele grote bed. Is de stang niet goed vastgezet, ben ik in staat geweest om hem naar voren te trekken? Geen idee. Wat ik wel weet, is dat op een gegeven moment het bed begint te kantelen en de stang op mijn keel belandt. Ik krijg geen adem meer.
Ondertussen is mijn moeder in de keuken aan het koken. Ergens voelt ze dat er iets niet klopt. Is het te stil, mist ze iemand? Hoe het ook zij, ze gaat op zoek naar mij, vindt me onder het bed. En begint direct met het toepassen van mond-op-mond beademing.
Dat ze weet hoe ze dit moet doen, is alweer een ongelofelijk wonder. Ze had het namelijk de dag daarvoor gezien op televisie. Niets bijzonders? Toch wel!
Laten we even teruggaan in de tijd. Naar de tijd dat het bezitten van een televisie net zoiets was als dat het nu is om miljonair te zijn. Niet geheel onbereikbaar maar slechts voor een kleine groep mensen. Nu wil het feit dat de buren in de flat net de beschikking hadden gekregen over een klein fortuin en daarom een televisie bezaten. Zoals dat in die tijd ging, als er een paar keer per week een uitzending was, keek de hele buurt mee. En net de dag daarvoor heeft

mijn moeder een uitzending gezien waarin mond-op-mond beademing wordt uitgelegd.

Met een klein mannetje in haar armen, rent ze naar de apotheek om de dokter te vinden. Als deze gevonden is, racen ze, in de persoonlijke auto van de dokter, naar het ziekenhuis. Daar aangekomen ben ik in een coma weggezakt. Twee dagen later kom ik weer bij.

Voor de buitenwereld ben ik slechts 48 uur weggeweest. Naarmate mijn leven zich verder ontvouwt, ontdek ik dat ik in die tijd een hele reis heb gemaakt naar een wereld tussen deze en het hiernamaals.

Geef ruimte als iemand haast heeft

Je kunt je voorstellen dat de dokter veel te hard reed toen hij mij naar het ziekenhuis bracht. Het was een rit tegen de tijd. Mijn moeder vertelde me dat er mensen waren die zich blijkbaar ergerde aan deze wegpiraten en expres langzaam voor hen gingen rijden om hun snelheid te verminderen. Mensen blokkeerden zelfs de trambaan om te zorgen dat deze niet gebruikt kon worden.

Ik herinner me dit verhaal altijd als ik iemand zie die halsbrekende toeren uithaalt met een auto. Ik weet niet wat er gebeurd kan zijn dat maakt dat deze persoon zo hard rijdt. Daarom probeer ik de plek in mijn hart op te zoeken waar ik ze met liefde bezie en om een veilige aankomst voor de persoon kan vragen.

Jij hoort hier niet

We wonen in een nieuwbouwwijk waar een SRV-wagen rondrijdt. Heel handig om de boodschappen aan de deur gebracht te krijgen. Omdat wij als kinderen vaker overdag thuis zijn dan onze ouders, wordt ons regelmatig gevraagd om 'even iets bij de SRV-man te halen'. Dat is geen probleem, je luistert naar de toeter, loopt het tuinpad uit en haalt dat op wat er op het lijstje staat.
Op een zeker dag mis ik de toeter. Ook dat levert weinig stress op want na zijn ronde door de wijk, staat de wagen geparkeerd in een van de garageboxen een paar blokken van ons huis verwijderd. Ik pak een boodschappentas, werp het lijstje erin en loop in hoog tempo door de straten. Op het kruispunt, vlak voor de garagebox, staat iemand plotseling voor mij. Het is echt alsof hij vanuit het niets is opgedoemd. De persoon die voor mij staat, torent boven mij uit en draagt een zwarte integraalhelm met een zwarte spiegelende klep. Ik kan niet zien wie zich achter het glas bevindt.
Vanachter de klep klinkt een donkere stem: "Jij hoort hier niet!". Door de helm vervormt het geluid. Ik schrik. Tegelijkertijd wil ik doorlopen omdat ik de boodschappen ben vergeten te halen en dit is de enige manier om zonder geld iets te krijgen (de man schrijft de boodschappen op een rekening die eens in de zoveel tijd wordt betaald).
"JIJ HOORT HIER NIET!" schreeuwt de persoon nogmaals. In blinde angst ren ik terug naar huis.

Van achteren beschoten

Vanaf die tijd loop ik met een vreemd gevoel in mijn rug rond. Ik denk bij vlagen dat er iemand rondloopt, met een pistool, die het op mij gemunt heeft. Ik kan het punt voelen branden in mijn rug en kan me ook voorstellen hoe de kogel bij mijn plexus weer naar buitenkomt. Het is geen prettig beeld.

Oordeel niet

Ik draag het gevoel beschoten te worden jaren met mij mee. Ik vraag me steeds weer af hoe ik toch aan dit gevoel kom. Er lijkt geen verband te zijn met iemand die mij bedreigt en deze angst. De normale reactie op een verhaal als dit is dat er een dader is, de jongen met de integraalhelm, en een slachtoffer. In dit geval ben ik dat. Ik geloof dat ieder contact een reden heeft en ontstaat uit het aantrekken van precies die personen of zaken die voor dat contact nodig zijn. Er is dan geen dader en slachtoffer meer, enkel een contact, waar een les geleerd mag worden.
Vaak is het helemaal niet duidelijk wat die les is als je nog midden in de warboel zit wanneer het contact uitgroeit tot een confrontatie. Mijn instelling is om niet te oordelen en het weten vast te houden dat er orde en regelmaat is in het universum. Zo wordt pas veertig jaar later duidelijk welk pad dit incident voor mij zal openen.

E 50: zeilboot te koop

Mijn ouders hebben een tweede huis, een boerderij in Friesland. Ze hebben die gekocht van een erfenis van de oma van mijn vader. Veel weekenden heb ik daar gesleten. Een tweede huis is een prachtig bezit, maar voor mij was het ook een vloek. De hele familie gaat er bijna ieder weekend naartoe, wat maakt dat ik weinig aansluiting heb met vriendjes uit de klas.

Immers, die gaan vaak in de weekenden leuke dingen doen, maar met hen meegaan is lastig. De uitjes duren een paar uur, hooguit een dag. En zelf thuisblijven is er niet bij.

"Neem dan iemand mee," wordt er vaak gezegd. Maar voor mijn vriendjes geldt hetzelfde. Meegaan betekent een heel weekend weg, niet een paar uurtjes. Bovendien vinden veel kinderen het maar gek, ver weg naar Friesland, ze blijven liever in Amsterdam.

Er zijn natuurlijk ook heel veel leuke dingen die gebeuren op de boerderij. Zo leer ik er stap voor stap hoe je een huis verbouwt, er kunnen vuurtjes gestookt worden en we dobberen in de sloot rond in een rubberboot.

Soms halen we de (koel)kast leeg en maken samen met de buurkinderen lekkere hapjes die we dan aan de weg verkopen. De meeste van onze klanten zijn onze respectievelijke ouders. We verdienen zo wat geld. Onze ouders blijven het merkwaardig vinden: eten uit kasten halen en dan verkopen aan de mensen waarvan de spullen zijn.

Op een dag gaan we vanuit Friesland naar Urk. We bekijken de boten en zien hoe de vissers op de kade netten aan het boeten zijn. Mijn vader legt uit dat alle boten een nummer hebben, dat voorafgegaan wordt door de letter van het dorp of stad. Daarom hebben alle boten die in Urk liggen een nummer dat begint met U-.

Een aantal dagen later gaan we bootjes maken van een klompje. We beschilderen klompen die ons te klein zijn geworden, boren een gat in de bodem waarin een mast komt met een klein zeiltje eraan vast. Op mijn klompje schilder ik vol trots E-50, omdat onze boerderij vlak bij een dorpje ligt waarvan de naam met een E begint. "Kijk mam," zeg ik trots, "de E-50." Mijn moeder antwoordt met matte stem "je gaat toch geen geld vragen voor dat bootje?" (Ik denk dat ze gehoord heeft 'kijk mam, één vijftig")

Mijn hart krimpt in elkaar. Hoewel het helemaal niet mijn bedoeling was om het bootje te gaan verkopen, trek ik de conclusie dat wat ik maak niet de moeite waard is. Het is een gedachte die heel lang een grote rol in mijn leven zal spelen.

Geloof niet alles wat je gelooft

De gedachte 'wat ik maak is niet de moeite waard' heeft me meer dan veertig jaar parten gespeeld. Hij is daarbij altijd verweven geweest met de opmerking van mijn moeder dat ik altijd zo 'poenselig' bezig was. De term komt van mijn verkorte naam Joen, die in de familie wel gebruikt wordt. Waarom het ooit poenselig is geworden weet ik niet, misschien heb ik het wel altijd verkeerd verstaan. Hoe dan ook, poenselig duidt aan dat het een beetje in elkaar geflanst is, in ieder geval niet herkenbaar voor de buitenwereld.

Nu ben ik, na op veel verschillende manieren gewerkt te hebben om deze overtuiging los te laten, eindelijk gaan zien dat poenselig precies is wat mij pakkend beschrijft. Ik zie altijd andere oplossingen voor uitdagingen dan andere mensen, ik neem nooit iets zomaar voor waar aan, maar vraag altijd door. Je zult begrijpen wat ik bedoel naarmate je verder in dit boek vordert.

Ook ben ik gaan zien dat wat ik maak zeker de moeite waard is. Het is meer de vraag om de mensen te vinden die het kunnen waarderen en gebruiken. En het leuke is dat hoe meer ik me dat ga realiseren, hoe meer mensen ik tegenkom die waarderen wat ik doe.

De sluwe pottenbakker

Ik groei op in een gezin waarin religie niet aan de orde is. Mijn ouders zeggen dat Jezus een man was met een boodschap. Hij ging staan op een rots en verkondigde wat hij vond dat gezegd moest worden. Dat is wat een kerk hoort te zijn, een plek waar je samenkomt en inzichten met elkaar deelt.

De eerste jaren van mijn schoolcarrière bracht ik door op de vrije school, maar op mijn negende verkas ik naar de plaatselijke christelijke basisschool. Ook van die school herinner ik mij weinig streng christelijke gebruiken of feesten.

Een van de hoogtepunten is de jaarlijkse opvoering van het kerstspel. Ieder jaar wordt er een heus toneelstuk opgevoerd, dat het thema van kerstmis behandelt, zonder te vervallen in het standaardverhaal van Jozef en Maria op de ezel naar Bethlehem.

In het jaar dat mijn klas aan de beurt is om het spel op te voeren, wordt een stuk gekozen met in de hoofdrol een sluwe pottenbakker. Mij valt de eer toe om die te spelen.

De pottenbakker vindt alle commotie rond de stal waar Jezus geboren is maar wát aantrekkelijk. Hij besluit om 's nachts hard door te werken om heel veel bekers te maken met een mooie afbeelding en een pakkende tekst eronder. Hij ziet er wel brood in om ze de volgende dag te gaan verkopen aan alle mensen die komen kijken om de nieuwe koning te ontmoeten.

De volgende dag staat hij al vroeg klaar met zijn kraam. Hij stalt al zijn waar uit zodat iedereen het kan bewonderen. (Ik herinner me nog levendig dat ik witte plastic bekertjes uitstal, waar met een blauwe marker iets op getekend is en denk 'wat vreemd dat mensen in het publiek het niet raar vinden dat er geen echte bekers staan') De pottenbakker heeft geanimeerde gesprekken met zijn vrouw en andere mensen die aankomen. "Ja, misschien komen we straks nog wel even kijken naar wat u in de aanbieding heeft."

Het rare is dat, als de mensen terugkomen uit de stal, ze stil zijn en enkel vriendelijk knikken naar de koopman en doorlopen. Ze zijn niet meer geïnteresseerd in zijn koopwaar. Enigszins ontstemt besluit de koopman dan maar zelf naar binnen te gaan. Veel zal hij hier wel niet verdienen als iedereen zo stil naar buiten komt. Zijn vrouw kan wel even op de kraam passen.

Bij terugkomst uit de stal is ook de pottenbakker stil. Hij begint zonder woorden de bekers weer op te stapelen en in dozen te doen. "Kom, we gaan naar huis," zegt hij tegen zijn vrouw. Als ze verbaasd vraagt waarom, zegt de pottenbakker: "Het gaat niet om handel en anderen te slim af zijn, het gaat erom mensen lief te hebben en voor elkaar te zorgen."

Een wereld van Vrede en Liefde

Al heel lang dromen we met elkaar van een wereld van vrede en liefde. Een wereld waar er vrede kan zijn en iedereen in harmonie leeft. Ook ik doe dat. De geschiedenis leert, of lijkt te leren, dat deze staat van gelukzaligheid onbereikbaar is. Maar is dat zo?

Ik geloof dat het zeker mogelijk is om tot een wereld te komen waarin er vrede en liefde heerst. De vergissing die gemaakt wordt, is te denken dat deze vanzelf zal ontstaan. Dat als we maar lang genoeg wachten, er door iets of iemand ingegrepen zal worden en we naar deze prachtige plek gebracht worden.

Niets is minder waar. Een wereld van Vrede en Liefde kan enkel ontstaan als we er met z'n allen heel hard aan gaan werken. Het begint met het toegeven dat alles wat we tot nu toe geprobeerd hebben niet werkt. En dan te gaan inzien dat er een intelligentie is die het wel weet. Door ons daarmee te verbinden, te luisteren en naar de gegeven leiding te handelen, kunnen we deze wereld vormgeven. Wij zullen zelf de eerste stap moeten zetten, de rest zal volgen.

Een schoolreisje

Mijn schoolloopbaan gaat verder met een afsluitende citotoets met een advies voor Atheneum en de daarbij behorende overgang naar een middelbare school in de buurt. Ook dit is, realiseer ik me nu, een Christelijke school.

Net als op de lagere school vind ik het lastig om mij aan te passen aan de cultuur die op school heerst. Opgevoed in een vrijgevochten gezin, waarin je weinig sturing kreeg wat wel of niet acceptabel was, loop ik rond in rode overalls en draag ik een T-shirt over een blouse met lange mouwen. Gewoon omdat ik dat mooi vind.

Gevolg daarvan is dat ik weinig echte vrienden heb en regelmatig het mikpunt ben van pesterijen en menig handgemeen. Of het ermee te maken heeft gehad of niet, weet ik niet, maar in de derde klas beland ik in een klas die de bijnaam 'de rampenklas' heeft. Zo'n klas die menig leraar angstzweet bezorgt en waarvan iedereen weet dat als er weer eens iets aan de hand was op school, iemand van die klas het heeft gedaan.

Resultaat is dat, toen de tijd kwam om voorbereidingen te treffen voor het afscheidskamp voor de onderbouw, er besloten werd dat onze klas daar niet voor in aanmerking kwam. 'Dat kan nooit goed gaan,' is het argument.

Diep teleurgesteld kom ik thuis en denk na over deze, in mijn ogen, onrechtvaardige behandeling. 'We kunnen toch in ieder geval een weekend weggaan,' borrelt er in mij op. Geef mijn brein een idee en er beginnen meteen stukjes naar beneden te vallen.

Mijn ouders hebben een boerderij, daar is plaats voor zeker twaalf mensen. Maar achter het woonhuis is een grote schuur met een vide, waar met gemak nog eens tien of vijftien man kunnen slapen. Als ik, en misschien nog een paar leerlingen, in een tentje slapen, zijn er genoeg plekken zodat iedereen kan overnachten.

En zo ga ik puntsgewijs verder:
- Vervoer: als een op de vier ouders bereid is om te rijden is dat opgelost,
- Programma: een groot gedeelte van de twee dagen vullen zichzelf in, binnenkomst, lunchen, avondeten (macaroni met saus), de volgende dag ontbijten, opruimen en vertrekken. Ik bedenk dat er natuurlijk een dropping bij hoort en weet meteen een route. Je kunt namelijk in een groot vierkant om de boerderij heen rijden, waardoor je zeker twintig minuten rondrijdt en toch weer heel dicht bij de boerderij uitkomt.
- De rest van de invulling van de dag zal vanzelf wel komen
- Klein probleem: voor de dropping hebben we wel een bus nodig. Die moet dus gehuurd worden.
- De klas: als mijn idee ook maar de geringste kans van slagen kan hebben, zal ik het hele plan aan de klas moeten presenteren en ze op het hart drukken dat de enige manier om dit te verwezenlijken is door geen rottigheid meer uit te halen.

Het hele verhaal zet ik in een grote map met op de voorkant een afbeelding van mijn grote idool in die tijd: Blondie. Samen met mijn ouders maak ik een begroting. We komen op een bedrag waarvan we denken dat het uitje voor iedereen betaalbaar is.

Nadat ik de klas heb ingelicht over mijn idee, dat met gemengde reacties wordt ontvangen, stap ik naar de rector om daar mijn plan te presenteren. Hij is onder de indruk van het materiaal dat ik samengesteld heb, maar veegt het resoluut van tafel. Deze klas ging en gaat niet op kamp, zelfs geen weekend!

Nooit voor één gat gevangen, bedenk ik dat als het zo niet lukt, ik kan proberen om een aantal leraren, waarvan ik weet dat ze de klas goed gezind zijn voor het plan te winnen. En het lukt. Eerst de leraar Duits, dan de leraar wiskunde en ook de leraar biologie ziet wel wat in het plan dat ik gesmeed heb. Ik heb geen flauw idee hoe zij de rector overtuigden, maar het lukt ze.

Voor we weggaan, komt mijn vader om de hele klas toe te spreken. Hij zet zichzelf een beetje neer als een boeman. Dat hij verwacht dat alles precies zo wordt achtergelaten als het was en dat hij ons het voordeel van de twijfel geeft en daarin niet teleurgesteld wil worden.

Het weekend is geweldig. Iedereen gedraagt zich voorbeeldig. Het lijkt of ik met een andere club mensen op stap ben. Ook de dropping is een groot succes. Doordat we niet rechtstreeks vier keer links afgeslagen zijn, maar her en der wat extra afslagen hebben genomen, is iedereen volledig gedesoriënteerd. De laatste ploeg komt pas om half vier binnen.

<u>Ga voor je dromen!</u>

Vaak lijkt het of wat je graag wilt te moeilijk, te ver weg is of dat je geen idee hebt hoe je er moet komen. Een vergelijking die mij zeer aanspreekt is die van het gaan voor je dromen met het rijden in een auto op een niet verlichte hobbelige weg. De lichten van de auto zijn ook nog eens te ver naar beneden afgesteld. Je kunt daardoor maar een heel klein stukje van de weg bekijken. Het enige dat je ziet is een verlichte toren, ergens heel ver weg: jouw doel.

Hierdoor heb je twee keuzes. Of je zet de auto aan de kant en doet niets. Of je kiest ervoor om te gaan rijden, een heel klein stukje vooruit. Door een klein stukje vooruit te rijden, zie je het volgende stukje van de weg en kun je weer wat verder naar voren. Het kan zijn dat je na een tijdje bij een kruising komt. Ook hier kun je niet meer dan kiezen voor de afslag die je dichterbij je doel *lijkt* te brengen. Of dat zo is, weet je niet, maar ook hier geldt, niets doen brengt je nergens.

Als je zo stapje voor stapje, stukje bij beetje verder trekt, zul je merken dat je jouw doel steeds dichter nadert, zonder dat je precies van tevoren hebt geweten wat er allemaal voor nodig was.

Fietsen in Frankrijk

De eerste drie jaren van mijn middelbare school verlopen met de nodige hobbels. Het grootste probleem is dat ik dyslectisch ben en daardoor bij ieder proefwerk in een vreemde taal getrakteerd wordt op een dikke onvoldoende. In eerste instantie nog tot mijn verbazing, maar gaandeweg wen ik eraan. Hoe goed ik ook leer voor de woordjes, er is altijd wel een s die op de verkeerde plaats staat, of een k die een c had moeten zijn. Dyslexie is in die tijd nog een onbekend fenomeen. Mijn hele schoolloopbaan heb ik gedaan zonder dat het erkend is.
In de derde klas heb ik voor alle talen die ik verplicht volg, Engels, Frans en Duits, een dikke onvoldoende. Omdat ik het rapport niet aan mijn ouders durf te geven, pak ik het in als sinterklaas surprise. Mijn ouders zijn niet blij met mij! De overgang naar de vierde klas is een heikel punt. Want natuurlijk zijn mijn cijfers voor de vreemde talen niet verbeterd en met twee vieren en een vijf kun je niet over.
Ik zie het probleem niet. Als ik namelijk naar de vierde ga, laat ik deze vakken vallen en blijf enkel de vijf voor Engels over. Sterker, als ik de derde klas nog een keer over moet doen, weet ik zeker dat de situatie niet zal verbeteren.
Het is niet dat ik niets aan de vakken gedaan heb. Mijn brein is gewoon niet in staat om de juiste combinaties van letters te onthouden. Uiteindelijk wordt er voor mij een uitzondering gemaakt en mag ik door naar de vierde klas.
Vanaf daar gaat het van een leien dakje. Ik hoef weinig aan mijn schoolwerk te doen, het meeste blijft hangen door wat een leraar vertelt en het huiswerk dat ik vervolgens maak.

Klinkt heel stoer, maar er zijn natuurlijk nog wel mijn twee talen die ik over heb: Nederlands en Engels. Vlak voor de meivakantie in het laatste jaar, heb ik mijn eindexamen mondeling Nederlands. De bedoeling is dat ik een stuk of vijftien boeken gelezen heb en daar het een en ander over kan vertellen. Omdat het lezen van één boek al een hele opgave is, heb ik van een groot aantal boeken de uittreksels ingekeken. Want ook die bevatten heel veel woorden.

De uitslag van deze mondelinge proeve van mijn kunnen laat zich raden. Meer dan een vier weet ik niet te vergaren. Dus kom ik enigszins bedrukt de schoolbibliotheek uitlopen. Beneden aangekomen valt mijn oog op de centrale hal die vol staat met fietsen. Een man met een dikke sigaar bekijkt een voor een de fietsen en geeft commentaar: "Dit trapstel zit los; deze wielen moeten uitgelijnd, want als je zo hard naar beneden gaat, kan je in een staande trilling komen" e.d. Ik, als fietsfanaat, ga direct kijken en vraag aan een van de mensen wat er gaande is. De fietsen worden gekeurd voor een fietsvakantie in Frankrijk met de vijfde klas. De Nederlandse leraar, die mijn examen heeft afgenomen, vraagt me waarom ik niet meega. Mijn antwoord is, dat ik niet durfde te beslissen met al mijn schoolonderzoeken die ik nog moest doen. Maar omdat die nu voorbij zijn en zowel de leraar als mijn ouders geen bezwaren zien, ga ik mee.

Het wordt een vakantie om nooit te vergeten. Met een heel stel jongens en een paar meiden, rijden we eerst een aantal dagen over het vrij vlakke land in Frankrijk, terwijl we steeds weer een blik vangen van de berg die allenig in de omgeving uit het landschap verreist: de Mont Ventoux. Het doel is om naar deze berg te gaan nadat we rond de berg cirkelend enige conditie hebben opgedaan.

Na een week is het zo ver en beklimmen we de berg die eigenlijk nog gesloten is, maar een Frans jongetje doet voor ons de ketting naar beneden zodat we de col kunnen bedwingen.

Niet iedereen kan wat jij kunt

Tijdens de vakantie is het de bedoeling dat iedereen in tweetallen één keer voor de groep kookt. Er is geen vastgesteld plan, ieder team mag zelf beslissen wat er gekookt wordt, als het maar binnen het gestelde budget past.
Koken heb ik van huis uit meegekregen. Niet alleen houdt mijn vader enorm van koken, ook wordt er vaak van ons als kinderen verwacht dat we de maaltijd voor de avond bereiden. Niet alleen zet ik samen met mijn mede-kok gemakkelijk een maaltijd in elkaar, het zet mij er ook toe aan om te verwachten van anderen dat zij hetzelfde kunnen. Honend zei ik tegen iemand die het hart niet uit de sla had gehaald: "Zo zet je toch geen sla op tafel!" Terugkijkend zie ik hoe hard dit is geweest. Verwacht nooit dat iemand iets met hetzelfde gemakt doet, waarmee jij het kunt.

Een voldoende voor Engels

Terug in Nederland komt de realiteit van de dag hard aan. Het blijkt dat, terwijl ik heerlijk in Frankrijk heb gefietst, de rest van de klas instructies heeft ontvangen over hoe het beste met de examens om te gaan. Da's nou even jammer!
Her en der vraag ik aan wat mensen wat de belangrijkste dingen zijn die ze gehoord hebben. Veel meer dan tegenstrijdige berichten en dingen die me niets zeggen haal ik er niet uit. Dan maar onvoorbereid de examens in, er zit niets anders op.
Over de meeste vakken hoef ik me geen zorgen te maken. De schoolonderzoeken heb ik goed gemaakt. Natuurlijk zijn er twee zorgenkindjes: Nederlands en Engels. De grootste uitdaging gaat toch wel Engels worden. Daarvoor zal ik een tekst moeten schrijven van heel veel woorden. Ik heb echt geen idee meer hoeveel, maar voor iemand die, in die tijd, bij bijna ieder woord dat hij schrijft wel een fout maakt, leek dit een onmogelijke taak.
Iemand komt op een lumineus idee: schrijf een tekst over een heel algemeen thema, laat die corrigeren en leer deze helemaal uit je hoofd. Deze ga ik bij het examen reproduceren. De kunst is daarna om, met zo min mogelijk woorden, het gegeven onderwerp om te buigen zodat mijn standaard tekst daarbij past.
Het is een hele onderneming. Ik schrijf eerst een tekst; mijn oma, die heel goed in Engels is, kijkt hem na. Daarna schrijf ik hem over, mijn oma kijkt hem weer na. Het is één grote rode zee van streepjes. Dus schrijf ik hem weer over en kijkt oma hem weer na.

Nadat de rode zee is gekalmeerd, begin ik opnieuw. Deze keer schrijf ik hem niet over, maar produceer ik, uit mijn hoofd, de tekst die ik zo langzamerhand kan dromen. Ook hier verschijnt weer, tot mijn grote teleurstelling, dezelfde rode zee als eerst. Het aantal streepjes is echt niet te tellen.

Na een aanvankelijk 'ik doe dit niet, dit lukt toch nooit' ga ik weer door met het opschrijven en laten nakijken van de tekst. Na een oneindig aantal malen overschrijven van de tekst, kan ik letterlijk ieder woord dromen.

De dag van het examen Engels breekt aan. Ik heb gemengde gevoelens over de dingen die komen gaan. Aan de ene kant ben ik benieuwd naar het onderwerp dat gekozen is, tegelijkertijd ben ik er ook bang voor. Stel dat ze iets gekozen hebben dat helemaal niet past bij de tekst die ik verzonnen heb. Daarnaast voelt het ook als vals spelen, bijna alsof ik betrapt kan worden.

Gelukkig is het gekozen onderwerp niet heel specifiek, iets met vakantie. In twee alinea's schrijf ik een introductie op de tekst die ik kan dromen. In een mum van tijd heb ik de opdracht klaar en ik verlaat als een van de eerste de zaal. De blik naar de andere scholieren, die gebogen over de tafeltjes zitten, geeft voldoening. Nu nog afwachten hoe het eindresultaat is geworden.

Ik krijg een 5,3 voor de tekst. Het valt me tegen. Voor al het werk dat ik er ingestopt hebt, lijkt het een oneerlijke score. Maar als ik het papier inkijk, begrijp ik het wel. De eerste twee alinea's vertonen de bekende rode zee van streepjes. Daarna wordt het rustig in de tekst. Hier en daar een streepje of een woord in de kantlijn. Het aantal fouten dat ik in de eerste twee alinea's heb gemaakt is inderdaad zo groot dat er vier hele punten van de tien afgaan. De rest zorgt voor het afdalen naar de 5,3˙. Had ik de tekst niet uit mijn hoofd geleerd, had ik gegarandeerd een 1 voor mijn opstel gekregen en was ik blijven zitten. Nu kom ik samen met mijn cijfers voor het schoolonderzoek toch nog uit op een 6 gemiddeld.

Er is altijd een oplossing

Voor alles in het leven is een oplossing. Soms is hij niet direct zichtbaar, soms is hij zelfs nog nooit eerder bedacht. Ik geloof dit stellig. Door met deze ogen naar de wereld te kijken, worden de oplossingen ook zichtbaar. Dat betekent niet dat alle oplossingen van mij komen, of dat ik ze allemaal bedenk, zeker niet. Het gaat erom open te staan voor de informatie die tot je komt en daar op het juiste moment, wat meestal betekent direct, op te reageren.

Amerika

Aan het eind van mijn middelbare school weet ik nog steeds niet wat ik wil gaan studeren. Niets spreekt me echt aan. Een docent raad me aan om eens langs te gaan bij de studieadviseur. Hij heeft een klein kantoortje helemaal achterin het schoolgebouw. Eigenlijk raar dat zo iemand zo verscholen zit.

Als ik het kantoortje binnenloop, is er niemand. Mijn oog valt op een velblauwe poster: Youth For Understanding. De organisatie bestaat nog steeds. Op hun website lees ik nu: 'YFU biedt je DE REIS VAN JE LEVEN. Een avontuur dat het beste in jou naar boven haalt en waarin je vriendschappen sluit die jouw kijk op de wereld voor altijd veranderen.'

Of dat toen precies zo op de poster stond weet ik niet meer, maar de tekst roept hetzelfde gevoel op dat ik toen kreeg. Iets van 'dit is het avontuur wat ik altijd gezocht heb'.

Enthousiast kom ik thuis en vertel honderd uit over wat ik bedacht heb om na mijn studie te gaan doen: een jaar naar Amerika, daar naar school en dan bedenken wat ik ga studeren. Het lijkt me het einde. Hoe ik mijn ouders zo gek gekregen heb, weet ik niet. Maar uiteindelijk wordt er bijna 10.000 gulden bij elkaar gehaald om mijn grote droom in vervulling te laten gaan.

Voordat het zover is, moet ik een aantal keer naar bijeenkomsten van YFU om trainingen te krijgen. Een ervan gaat over in hoeverre je bereid bent om je aan te passen aan een cultuur. Ik weet nog dat mij gevraagd werd: "Als je gevraagd werd een ander kapsel te nemen, doe je dat dan?" Ik antwoordde dat ik dat zou overwegen. Nou, dat was dus niet de bedoeling, je moest wel je eigenwaarde vasthouden.

Aan het einde van de dag voel ik me heel verward. Want wat betekent het nou om de cultuur te respecteren, maar wel jezelf trouw te blijven?

Middenin de zomer, net achttien, vertrek ik. De eerste vlucht is het heel gezellig, want we reizen met een hele groep die allemaal hetzelfde avontuur tegemoet gaat als ik. Dan moet ik overstappen in een ander vliegtuig en een ander en een ander. De vliegtuigen worden steeds kleiner, het aantal mensen dat er inpassen steeds minder. Totdat ik met een paar mensen in een twee propellertoestel zit, waar mijn bagage een onevenredig groot deel van de ruimte inneemt en ik direct met de piloten mee kijk waar we heen vliegen. Dat terwijl ik gedacht had naar Washington te gaan, een toch best grote stad in de Verenigde Staten.

Het blijkt dat ik niet naar de buitenwijk Oroville van Washington ga, maar naar het gehucht Oroville, in de staat Washington, helemaal aan de westkust. Heel iets anders dan ik me had voorgesteld.

Ook de Amerikaanse cultuur is heel anders dan ik dacht. Ik ben twee keer eerder in Amerika geweest, samen met mijn ouders. Het beeld dat ik daarvan over heb gehouden is van een altijd gastvrije, blije bevolking. En dat klopte ook wel, alleen had ik me nooit gerealiseerd dat dit geen aangeboren kwaliteit van de bevolking is, maar een masker dat velen ophouden. En dat er van mij ook verwacht wordt dat ik ditzelfde masker op houdt. Het betekent dat je niet ongelukkig bent, zeker niet buitenshuis, maar liever ook niet binnenshuis 'Just put on a happy face' is de gevleugelde uitspraak. Voor iemand die uit een gezin komt waar emoties en gevoel als zeer waardevol worden gezien, is dit een hele lastige opgave.

Wat het verblijf nog eens zo lastig maakt, is dat ik heel goed in staat ben om snel verbanden te leggen. Meestal heb ik maar een half woord nodig om te begrijpen waar iets over gaat. Het resultaat is, samen met het feit dat ik natuurlijk meerdere jaren Engels onderwijs gehad heb en zoals gezegd twee keer eerder in Amerika ben geweest, de indruk ontstaat dat ik mensen veel beter begrijp dan ik dat doe. Ik bluf mij een beetje door de gebeurtenissen heen. In plaats van de onzekerheid te zien, interpreteert men het als verwaand. Als klap op de vuurpijl is het zeer gewenst, vanuit Amerikaans oogpunt, om met de juiste mensen om te gaan.

Mensen van een lagere sociale standing worden als een negatieve invloed gezien. Daar ga je niet mee om. Voor mij klinkt dit heel merkwaardig, zeker omdat de mensen die als 'lager' worden gezien, over het algemeen die mensen zijn die juist echte interesse tonen in waar ik vandaan kom en hoe het leven in Nederland is. Want echt, mensen wisten begin tachtiger jaren, niets van Europa, laat staan Nederland.

Hoe dan ook, ik kan een heel boek schrijven enkel over alle dingen die in dit ene jaar zijn gebeurd. Dat ga ik nu niet doen, omdat ik je wil tonen hoe de vinger van God te zien is in alles wat in mijn leven heeft plaatsgevonden.

Voor het blok

Een half jaar lang volg ik min of meer mijn eigen levensstijl. Ik ben niet altijd vrolijk op school en blijf contact houden met 'hullie van de lagere klassen'. Dan ontmoet ik iemand die er een zeer on-Amerikaanse manier van leven op na houdt. Hij heeft jarenlang heel hard gewerkt om een burgertent op te zetten. Nu leeft hij rustig, komt één keer per week op de zaak om daar zaken bij te sturen. De rest van de week werkt hij wat aan zijn huis en rijdt verder paard. Op een dag neemt hij me mee op een tocht te paard door de bergen. Wat een ervaring! Het lijkt me heerlijk om bij zijn familie te wonen. Dus neem ik contact op met YFU en informeer naar de mogelijkheid om een overstap kan maken. In Nederland is mij verteld dat die mogelijkheid er is.

Dan breekt de hel los. Het blijkt dat de mensen bij wie ik nu woon mijn actie als een motie van wantrouwen zien. Mijn verblijf bij hen moet en zal een succes worden. Bovendien is de vertegenwoordiger van YFU in dit dorp een goede vriend van de familie. Daarnaast wordt ook nog de coach van het worstelteam uitgenodigd. Ik ben gaan worstelen in Amerika, waar het een grote en belangrijke sport is. Hij wordt uitgenodigd onder het mom van 'dat er dan iemand is die mij kan ondersteunen'. Tegelijkertijd wordt mij verteld dat als ik niet meewerk mijn geheim aan de coach verteld zal worden. Dat geheim is dat ik ben blijven roken, terwijl dit niet is toegestaan voor leden van het worstelteam. Als hij dit hoort, zal ik uit het team worden gezet, iets dat heel pijnlijk voor me zal zijn.

Uiteindelijk zit ik tegenover een raad van vier mensen. Het is een schokkende ervaring. Ik klap helemaal dicht. De mededeling is even simpel als opzienbarend: 'Of ik doe gewoon, of ik kan op eigen kosten terugvliegen naar Nederland.' In die tijd kostte een ticket naar Nederland ongeveer drieduizend gulden. Natuurlijk wil ik mijn ouders niet nog meer kosten laten maken en daarom besluit ik om mij aan te passen.

Een half jaar lang leef ik als een echte Amerikaan, glimlach altijd, gedraag mij voorbeeldig, ga met de 'juiste' mensen om en doe mee aan wiskundewedstrijden.
Als ik thuiskom merk ik pas het verschil. Ik ben mijzelf en mijn manier van met het leven omgaan volledig kwijt. Het heeft me meerdere jaren gekost om weer te leren om te huilen en echt te voelen.

Radicaliseren is helemaal niet raar

Deze ervaring heeft mij iets heel waardevols geleerd: het is zeer gemakkelijk om je van het ene op het andere moment aan te passen aan een cultuur die heel anders is dan wat je normaal gewend bent. Het enige wat daarvoor nodig is, is dat er voldoende emotionele druk op je uitgeoefend wordt.
Ik kijk daarom helemaal niet raar naar mensen die, vanuit mijn perspectief, vreemde dingen doen. Zoals ik al eerder vertelde, heeft iedereen zijn eigen unieke manier om informatie te verwerken en erop te reageren. Dat mensen geloven dat het goed is om anderen te kleineren, of zelfs van het leven te beroven, is te begrijpen. Dat wordt veroorzaakt door het referentiekader dat ze gebruiken. En dat kan zo maar veranderd worden. Het mooie is dat dit beide kanten op werkt. Mensen kunnen ook ineens gaan inzien dat liefde de norm is.

Een schietincident

Een andere gebeurtenis die grote indruk op mij heeft gemaakt is iets dat zich voordeed in de klas American Law die ik als een van mijn keuzevakken volgde in Amerika.
In de loop van de weken wordt uitgelegd hoe het Amerikaanse rechtssysteem werkt. Het kiezen van een jury en de daarbij behorende gevleugelde woorden 'beyond a reasonable doubt' wat zoveel betekent dat als er ook maar een gerede twijfel bestaat dat iemand niet de dader is, hij dan vrijgesproken dient te worden. In de klas keken we ook de film 'twelve angry man'. Hierin wordt getoond hoe elf van de twaalf juryleden eigenlijk helemaal geen zin hebben in hun taak (juryleden worden lukraak uit het bevolkingsregister gehaald en weigeren is niet toegestaan) en een jongen die beschuldigd wordt van moord op zijn vader snel willen veroordelen. Na een aantal stemronden, waarin langzaam duidelijk wordt dat iedereen zo zijn eigen reden heeft om de jongen te willen veroordelen, komt de jury unaniem tot het oordeel 'onschuldig'.
In een van de lessen komt ineens iemand binnen, trekt een pistool en schiet op de leraar en verdwijnt. De leraar blijkt niet gewond en vrijwel meteen heeft iedereen door dat het een alarmpistool was. In de kakafonie van opgewonden conversaties neemt de leraar het woord: "Met mij is inderdaad niets aan de hand. Neem allemaal een leeg vel papier, geef een zo duidelijk mogelijke beschrijving van de dader. Overleg met anderen is niet toegestaan. Ik wil dat het muisstil is."
De volgende paar minuten zit iedereen druk te schrijven. Ook ik doe mijn best. Was het een man, een vrouw? Wat voor kleren had hij aan. Ik gok dat het vast een onopvallende spijkerbroek geweest zal zijn met een, ik gok nogmaals, een donker shirt. Veel verder kom ik niet.

Alle papieren worden ingenomen. De uitkomst is schokkend. Blauwe, bruine, witte broek. Even zoveel kleuren als de regenboog aan bovenkleding. De helft van de klas weet zeker dat de dader een petje op had.
Dan wordt er op de deur geklopt en stapt Mike binnen. Mike is een van de populair guys van de school. Hij zit op basketbal, iedereen kent hem en kijkt tegen hem op. Hij draagt een blauwe spijkerbroek, daarboven een sweater met het logo van de school. Echt een hele opvallende trui! Het klopt inderdaad dat hij een petje draagt. Het is verbazend voor iedereen dat niemand hem heeft herkend. Hij is echt zo bekend bij eenieder.

Herinneringen zijn niet betrouwbaar, wel bruikbaar

We hebben allemaal van alles meegemaakt. Al deze gebeurtenissen slaan we op in ons geheugen. Bij dat opslaan wordt veel van wat we gezien, gehoord en gevoeld hebben, vervormd door onze eigen overtuigingen. Bij het ophalen van herinneringen gebeurt nogmaals hetzelfde. Daarbij kan het heel goed zijn dat onze overtuigingen in de loop van de tijd zijn veranderd. We kleuren de herinneringen met onze instelling van nu. Dit betekent dat wat ik nu opschrijf, waarschijnlijk maar voor een paar procent beschrijft wat er werkelijk heeft plaatsgevonden in mijn leven.
Toch kan ik de herinneringen gebruiken. Ze helpen me om te zien wat er, in mijn beleving, heeft plaatsgevonden. Belangrijker nog dan dit is dat het mij laat zien wat ik geleerd heb en hoe ik door de jaren heen gegroeid ben.
Het gaat er daarom niet om of een verhaal waar is. Het is jouw verhaal en dat dient om je te ontdoen van wat jou niet meer dient.

Studeren

Een andere belangrijke reden dat mijn leven een jaar lang naar Amerika wordt verplaatst, heeft te maken met mijn vervolgopleiding. Ik ga naar Amerika omdat ik niet weet wat ik als vervolgstudie wil gaan doen. Ik heb echt geen flauw idee.

In oktober belt mijn vader op. Bellen vanuit Nederland is dan nog een hele dure aangelegenheid. Een minuut bellen kost vele guldens. En toch word ik gebeld met deze vraag. "Ik weet het niet," is mijn antwoord. Mijn vader legt uit dat ik voor 1 december moet weten wat ik wil, omdat dat de sluitingsdatum voor studies is. Voor nu schrijft hij me maar in voor een studie medicijnen, dat ligt in de lijn van wat hij gestudeerd heeft. En ik was toch altijd goed in biologie.

Computers

Op een goede dag loop ik een klaslokaal binnen na schooltijd. Naar huis gaan is nou eenmaal niet de meest aanlokkelijke optie. Daar staat een klein groen beeldscherm met een knipperend blokje. Eronder staat een klein toetsenbord en links ervan een vierkante doos met een ronde knop eraan. Ik kijk verwonderd naar wat ik zie.

Dan komt een dame binnen, die ik herken als de studieadviseur van de school. In Amerika volgt iedere student minstens twee keer per jaar andere vakken. Een aantal daarvan zijn verplicht, daarnaast is er een groot aanbod van vrij te kiezen vakken. En al deze keuzes moeten worden samengevoegd tot één werkbaar rooster. De vrouw legt aan me uit dat zij vaak weken aan het puzzelen was, voordat ze een min of meer werkbare versie van het rooster kon produceren.

"Deze," zegt ze wijzend op het beeldscherm, "rekent een heel goede variant uit in een dag of drie". Ze zegt dat als ik over twee dagen terugkom, ik kan zien hoe de roosters voor iedere leerling en elke leraar uit de doos, die ze printer noemt, zullen komen. Ik ben meteen verkocht. Wat een wonder, hier wil ik meer van weten en leren. Twee dagen later kom ik terug en zie hoe inderdaad regeltje voor regeltje (zo ging dat toen nog) de roosters worden uitgeprint.

De volgende keer dat mijn vader belt, vertel ik hem enthousiast over wat ik gevonden heb om te gaan studeren: computers. Het lastige hiervan is dat in 1982 computers nog helemaal niet zijn ingeburgerd. Ze worden her en der gebruikt om hele ingewikkelde berekeningen te doen, waarbij heel veel wiskunde gebruikt wordt. En wiskunde is nu niet bepaald het vak waar ik in geïnteresseerd ben. Bovendien nemen ze hele kamers in beslag. Het gaat me vooral om deze kleine, zogenoemde, personal computer. Mijn vader zegt dat hij gaat zoeken en belt een paar weken later op.

Hij heeft drie plekken gevonden waar ze iets met computers gaan doen het volgend schooljaar. Ik kies Enschede omdat noch Amsterdam, ik wil niet studeren in dezelfde plaats als waar mijn ouders wonen, noch Eindhoven, veel te ver, me iets lijken. Thuisgekomen blijkt Enschede nog veeel verder weg te liggen dan Eindhoven.

Ik heb fantastische ouders!

Mijn relatie met mijn ouders is oké te noemen. Ik loop niet met ze weg, maar houd wel heel veel van ze. Toch is er iets compleet veranderd op het moment dat ik me realiseerde hoeveel tijd en energie mijn vader geïnvesteerd heeft om te zorgen dat ik mijn pad kon vervolgen nadat ik weer terugkomen was van mijn Amerikaans uitstapje. Het leest waarschijnlijk lekker weg en zo ervoer ik het ook in die tijd: mijn vader belde weer met het volgende stel vragen over mijn studiekeuze. Maar ik zag later pas hoe hij doorgezet heeft en naast zijn drukke baan tijd heeft genomen om plekken te bezoeken en informatie te achterhalen. Ook hier geldt: de tijden zijn veranderd. Even een brochure downloaden was er niet bij in die tijd. Je moest vaak meerdere keren bellen en soms zelfs naar de locatie toe om aan de benodigde informatie te komen.

Toen ik op deze manier ging terugkijken op mijn leven zag ik naast alle dingen waarvan ik dacht 'dat had toch wel anders gekund' ineens hoe belangrijk bepaalde acties zijn geweest die mijn ouders hebben ondernomen. **En** hoe ik hen het leven soms wel heel moeilijk heb gemaakt.

Ik zet mezelf klem

Al een paar dagen ligt het schrijven aan mijn boek stil. Voor het schrijven gebruik ik een techniek die ik een tijd geleden heb gevonden. Het idee is om eerst de structuur van het boek vast te leggen en daarna om het even welk stuk van het boek in te vullen. Je weet immers waar elk gedeelte overgaat.
Zo ben ik ook te werk gegaan. Ik heb mijn inleiding geschreven, een lijst gemaakt van gebeurtenissen en ben die nu aan het invullen. Toch stokt het. Komt dat omdat er veel andere dingen zijn die nu mijn aandacht vragen? Klinkt aannemelijk. Toch weet ik uit ervaring dat het daar niet om gaat. Alles gaat om intentie, ook weer zo'n les die ik geleerd heb. Als ik inzet op één uur per dag schrijven aan mijn boek, dan is dat uur er. Desnoods sta ik een uur eerder op.
Om erachter te komen wat er aan de hand is, zet ik 'een tentje op'. Dit betekent dat je de vraag neerzet met een uitnodiging om te weten waar iets over gaat. En, jawel hoor, vanmiddag is het antwoord ineens daar. Het gaat om het stuk dat ik wil schrijven nadat ik het vorige hoofdstuk heb afgerond. Want, 'als mijn vader zo'n impact heeft gehad op mijn leven, waar is dan de impact van mijn moeder,' vroeg ik me meteen af na de laatste zin. Het antwoord is er meteen. Een gebeurtenis toen ik een jaar of dertien, veertien was. Het probleem is dat het niet past in het format wat ik heb opgezet, alles chronologisch, dat had ik immers in de inleiding beloofd. Dan maar de inleiding herschrijven? Dat voelt ook niet goed. En hier is dan ook het probleem. Ik ben de belangrijkste zin uit de inleiding vergeten: 'en geef het verder over aan het Goddelijke'. Ik laat weer eens geen ruimte voor het onverwachte.

Zet een tentje op

Deze methode heb ik geleerd in de tijd dat ik bezig ben met workshops vanuit 'Een Cursus In Wonderen'. Soms komt het voor dat je in een proces niet verder komt, dat wat in het onderbewuste ligt, is dan zo diep opgeborgen dat je vast komt te zitten.

De metafoor die je dan kunt gebruiken is om je voor te stellen dat er een dikke muur in jezelf aanwezig is. Achter de muur bevindt zich het verhaal dat je nodig hebt om verder te komen in je zoektocht. In de muur zit een deur (in mijn beeld heeft die altijd een ronde boog) die potdicht op slot zit.

In gedachten zet je voor de deur een tentje op en neemt je voor om net zo lang bij de deur te blijven zitten totdat er een antwoord komt. Daarbij helpt het om te weten dat je onderbewuste graag behulpzaam is en dus het verhaal wel wil vertellen, maar dat er vaak een eerdere beslissing ligt om dat nou net niet te doen vanuit de bewuste gedachte dat je dit maar beter kunt vergeten.

Je zult zien, na verloop van tijd popt het antwoord zomaar in je op.

Ik ben een mooi mens, en jij ook

Het verhaal dat mij inviel, nadat ik over mijn vader geschreven had, gaat over toen ik dertien, veertien jaar oud was en tegen mijn moeder zeg dat ik niets voorstelde. Ze neemt me mee naar de spiegel en vraagt me in de spiegel te kijken. "Je bent een mooi mens." Dat is wat ze tegen me zegt. "En als je dat niet ziet, moet je dat misschien maar heel vaak tegen jezelf gaan zeggen."

Ik vind het maar een raar gedoe. Tegen mezelf gaan zeggen

dat ik een mooi mens ben. Toch is het alternatief ook niet aanlokkelijk. Mezelf als een grote verliezer zien. Daarom besluit ik het maar een paar dagen te proberen.

Tijdens het tandenpoetsen kijk ik naar mezelf. Lelijk gezicht, vol met pukkels, helemaal niet geaccepteerd in de klas. 'Je bent een mooi mens,' zeg ik in mezelf en moet erom lachen. Dit gaat echt helemaal nergens over. De dagen daarna moet ik nog steeds lachen, maar langzaam verandert het uitlachen in lachen om mezelf. En ook om alles wat zo moeilijk ligt in mijn leven. Daar verandert helemaal niets aan. Maar mijn instelling wel.

Tot op de dag van vandaag geloof ik dat ik een mooi mens ben. En met mij alle mensen op deze aarde. En dat heb ik, voor een groot deel, te danken aan mijn moeder.

Informatica

Studeren aan de universiteit is een openbaring voor mij, maar dan wel in negatieve zin. Het VWO heb ik met heel weinig moeite gehaald. Talen waren voor mij altijd een struikelblok, dyslectisch als ik was. Voor de andere vakken volstond meestal het doorlezen van de stof. Daarnaast compenseerde ik vaak gemakkelijk een niet geleerd proefwerk met praktische opdrachten.
Het niveau en het tempo van het wetenschappelijk onderwijs is heel anders. Bovendien is de studie ontstaan vanuit de opleiding wiskunde, wat betekent dat er heel veel van dit vakgebied in het curriculum verwerkt is. En laat dat nu een van de vakken zijn waar ik bepaald niet sterk in ben. Vooral als het drie, vier en zelfs nog meer dimensionaal wordt. Ook een vak als theoretische informatica vind ik werkelijk onbegrijpelijk. Gelukkig heb ik een studiemaatje die het goed begrijpt en mij door die vakken heen sleept.
Na het eerste jaar van mijn studie sta ik er dan ook niet goed voor. Er zijn eigenlijk te veel vakken die ik niet gehaald heb. Ik word 'op het matje geroepen' bij de studiedecaan. Hij stelt voor dat ik mijn studie ergens anders voortzet: op het hbo.
Hoewel ik erg teleurgesteld ben, in mezelf maar ook in de opleiding die me voor mijn gevoel zonder enig pardon de laan uit stuurt, ga ik op onderzoek uit. Al gauw ontdek ik dat er in Enschede een hbo-opleiding is die technische informatie aanbiedt. Een mooi gebied waarbij het aansturen van machines centraal staat. Er is wel één maar verbonden aan het kiezen voor een hbo-opleiding, in die tijd. Nederlands, Engels en zelfs gymnastiek zijn verplichte vakken.

De gedachte om weer terug te zijn bij het worstelen met talen en lichamelijke opvoeding doet mij de moed in de schoenen zakken. Dit wil ik echt niet.

En dus keer ik terug naar de studieadviseur. "Is er niet een mogelijkheid om toch door te kunnen studeren aan de universiteit,'" vraag ik hem. Op een vel papier maakt hij een schema. Negen vakken niet gehaald. In het laatste trimester drie herkansingen allemaal halen, dan in de herkansperiode vlak voor de vakantie nog een keer drie herkansen en ook allemaal halen. Dan zijn er nog drie vakken over die aan het begin van het jaar nog openstaan. Met drie openstaande vakken, willen ze me nog wel een kans geven.

Het voelt een beetje als kiezen tussen twee kwaden. Heel hard en veel studeren, met een aanzienlijke kans dat ik één vak niet haal en dan alsnog de universiteit vaarwel moet zeggen, of weer terug in de schoolbanken want zo voelt de overgang naar het hbo voor mij. Ik kies om te studeren, er is weinig te verliezen behalve het missen van een aantal feesten. Best wel heel belangrijk als je eerstejaarsstudent bent.

De eerste periode haal ik voldoendes voor twee van de drie vakken. Het hangt, alweer, op kansberekening. Ik krijg dat vak maar niet onder de knie. Toch geef ik de moed niet op, en schrijf me voor de derde keer in voor een herkansing. Er staan nu wel vier vakken op de lijst voor de periode voor de vakantie, maar niet geschoten is altijd mis. Mijn studiemaatje helpt me om voor kansberekening zoveel mogelijk verschillende soorten opgaven te beschrijven en hoe je die dan oplost. Het wordt een soort van jukebox. Kwartje erin, nummer kiezen en dan draaien, maar dan met opgaven. Ziet een opgave er zo uit, dan die en die stappen toepassen en een antwoord genereren. Ik word zelf een halve computer.

Aan de voorkant een vraag erin, aan de achterkant komt het antwoord eruit Het eindresultaat is een 5,6 voor het vak, wat afgerond de voldoende is die ik nodig heb.

Mijn harde werken en doorzetten werpen hun vruchten af, ik heb aan het begin van het tweede jaar nog drie vakken die ik moet herkansen. Ik kan door met mijn opleiding!

Vier jaar later, in 1988, sluit ik mijn informatica opleiding met goed gevolg af.

Onderzoek

Voor mij is het een gewoonte geworden om overal een vraagteken achter te zetten, om dingen eerst te onderzoeken voordat ik een conclusie trek. Vaak maak ik dat anders mee. Uitspraken als 'maar dat is veel te duur', 'dat gaan ze toch nooit doen' hoor ik heel veel langskomen. Als ik dan vraag hoe duur iets dan wel is, weten mensen dat vaak niet. Of is gewoon aangenomen dat iets niet kan.

Natuurlijk kan het lastig of beangstigend zijn om informatie in te winnen, om tijd van mensen te vragen om jouw vragen te beantwoorden. En, zolang je het niet gevraagd hebt, weet je ook niet zeker of het echt niet kan. Zo houd je als het ware jezelf voor de gek.

Liefde in Frankrijk

Terwijl ik druk bezig ben om mijn universitaire leven op orde te krijgen, word ik benaderd door de moeder van een neef van mij. Hij is niet iemand die ik echt ken. Hij is meer de zoon van.

Haar vraag is of ik zin heb om met hem mee te gaan naar Frankrijk om daar een paar weken op een camping, gerund door Nederlanders, samen met hem de fietsenverhuur te verzorgen. Hij heeft al toegezegd dat hij zal gaan, maar heeft er eigenlijk geen zin in. Als ik nu eens meega, steunt hem dat enorm. Ik houd de boot af. Ik moet nog studeren. Een paar weken later word ik nog een keer gebeld en een week later weer. Het lijkt erop dat het heel belangrijk is dat ik meega. Bovendien hoor ik nu, reist een van zijn nichtjes mee richting Frankrijk, iemand die ik beter ken en ook leuk vind. En dus stem ik in.

Het is een mooie tijd. Het blijkt dat de organisatie verzorgde fietsvakanties verzorgt. Iedere zaterdag arriveert een nieuwe ploeg mensen. Voor ons is het iedere vrijdagavond een hele klus om de aanwezige fietsen uit te zoeken en toe te wijzen aan de nieuwkomers. Ze moeten allemaal nagekeken worden en zaterdagochtend krijgt iedereen zijn of haar fiets. Die wordt netjes afgesteld op hoogte, waarna de groep vertrekt. Rust in de tent.

Het werk voor de rest van de week bestaat uit het achternarijden van mensen die problemen hebben met hun fiets. Lekke band, ketting eraf gelopen of een versnelling die niet meer werkt. Er is een oude Audi 100, met een veel te grote motor, waarmee het heerlijk scheuren is over de kronkelende Franse bergwegen. Daarnaast verrichten we allerlei hand en span diensten op de camping.

De verdiensten zijn karig te noemen. Een verblijf op een camping, iedere avond het uitgebreide diner dat de gasten ook krijgen en een van de zeven dagen vrij. In mijn geval de maandag.

Nu wil het geval dat er op maandag nog iemand vrij heeft. Een meisje, of beter gezegd een jonge vrouw. Nou ben ik iemand die niet graag dingen alleen doet. Daarom heb ik bedacht dat het misschien leuk zou zijn om iets samen te doen. Aangezien we allebei over een fiets beschikken, lijkt een fietstocht het meest voor de hand liggend. Een probleem met de plek waar de camping is gevestigd, is dat hij zich op de top van een berg bevindt. Dat houdt in dat je na een dag fietsen altijd getrakteerd wordt op een stevige klim, echt zo één die je de moed in de schoenen doet zinken. En dus heb ik de bus van mijn neef geregeld, met het idee om ergens heen te rijden en vanaf daar een fietsrondje te maken.

Gek genoeg wordt er niet op mijn idee gereageerd. Later hoorde ik dat zij net besloten had om niets meer te beginnen met het andere geslacht en nu eens dingen alleen te gaan doen. Op zondagavond zeg ik: "Ik ga om negen uur weg, als je nog mee wilt." Tot mijn verbazing staat ze de volgende ochtend met haar fiets klaar om mee te gaan.

De reden dat dit verhaal in mijn boek staat is dat deze vrouw mijn echtgenote geworden is. Waarom? Omdat ik tijdens het etentje dat we die avond hadden zei dat ik het juist fijn vindt dat ze niet vel over been is. Ik zei wat ik dacht, zij kon het niet geloven. Hierdoor ontstond de opening om een relatie te laten ontstaan.

Een fantastische samenwerking

Veel van wat je in dit boek verder zult lezen, zal de indruk wekken dat ik alles alleen gedaan heb. Dat is zeker niet zo. Mijn vrouw is mijn grootste steun, toeverlaat en verschaffer van informatie op het juiste moment. Ze wil alleen niet dat ze deel wordt van mijn boek, een wens die ik graag respecteer. Als je in het vervolg leest 'plotseling', 'er stond in de krant' of 'iemand wees mij op' kan dat heel goed op haar duiden, al is dat niet altijd zo.

Als er aan je deur wordt geklopt, doe hem open.

Het leven weet precies wat je nodig hebt. Het legt het voor je deur en klopt vervolgens aan. Het enige wat je hoeft te doen, is de deur open te doen en te kijken wat er op de stoep ligt. Klinkt eenvoudig toch? En dat is het ook. De uitdaging is om te gaan horen dat er op de deur wordt geklopt en dan voorbij je ongeloof te komen dát jij dat kunt doen, wat er van je gevraagd wordt.

Wat dat vraagt, is veel oefening, lef, maar vooral de bereidheid om te vallen en weer op te staan. Steeds maar weer. Een gevleugelde uitspraak van mijn vader: "Je leert door vallen en opstaan. Ik weet veel. Dan weet je ook hoe vaak ik gevallen ben." Veel van ons hebben die vaardigheid verleerd, zijn gaan geloven dat het in één keer goed moet gaan.

Als we deze gedachtes hadden gehad toen we een klein kind waren, hadden we nooit geleerd om te lopen, te praten, te schrijven of te fietsen. Al deze dingen heb je geleerd door heel veel te oefenen en veel fouten te maken. Kijk maar eens naar een kind dat wil gaan lopen. Het staat op, valt, maar staat direct op om het nog een keer te proberen. Het kind ervaart een onbedwingbare wil binnenin zich om het lopen onder de knie te krijgen.

Zoek eens in jouw innerlijk. Wat is het dat je eigenlijk zo graag wilt, maar waarvan je bent gaan geloven dat het je niet gegund is, je te oud, te onvolmaakt of niet slim genoeg bent. Stook het vuurtje eronder weer eens op. Dit wilde je toch! Ga ervoor. En let op, vanuit deze intentie komen er dingen op je pad. Zeker niet allemaal gemakkelijk. Dat komt omdat een deel van waar je doorheen zult gaan, het transformeren is van je eigen ongeloof!

Spreadsheet onderricht

Via via hoor ik dat er iemand gezocht wordt om les te geven in het gebruik van spreadsheets. Lesgeven is iets dat me ligt. Dat ontdekte ik in de jaren dat ik op de Universiteit student assistent was. Spreadsheets zijn een ander verhaal. Mijn vader is bedreven in het opstellen van berekeningen in het programma. Meer dan een keer meekijken over zijn schouder heb ik niet echt gedaan. Het ziet er indrukwekkend uit met allemaal formules en heel veel teksten tussen accolades zoals {ctrl}{end}{down}.

Net afgestudeerd, zonder duidelijk idee hoe ik na mijn beurs aan geld ga komen, grijp ik de mogelijkheid met beide handen aan. "Natuurlijk kan ik lesgeven in spreadsheets. Wat willen mensen zoal leren." Het blijkt, gelukkig, te gaan om mensen die willen proberen om een deel van hun berekeningen in Lotus-123 onder te brengen. Er moet gestart worden bij het allereerste begin. Je kunt je voorstellen dat ik opgelucht ben, het betekent dat ik enkel moet zorgen één stap voor te blijven op de groep.

Na twee dagen intensieve training voor een groep van zes mensen is iedereen dik tevreden en word ik uitgenodigd om nog een keer te komen.

Een paar dagen later word ik opgebeld door de persoon door wie ik deze opdracht heb gekregen. Hij heeft enthousiaste verhalen gehoord over mij en wil graag dat ik in zijn bedrijf kom werken. De informatiemachine draait op volle toeren en ze zijn op zoek naar een docent. Iemand die iets kan doen met programmeren is ook zeer welkom. Hoewel er gezocht wordt naar iemand die fulltime beschikbaar is, en dat ben ik ook, besluit ik om niet meer dan vier dagen te gaan werken. Ik wil tijd overhouden om andere dingen te kunnen doen. Voor het salaris hoef ik het niet te doen. In vergelijking met mijn karige studenten inkomen lijkt dit de jackpot!

De zaken gaan goed. Het bedrijf waarvoor ik werk groeit en groeit. De ene werknemer na de andere mannelijke collega wordt aangenomen. En ook het aantal vierkante meters dat we als bedrijf innemen, neemt als maar toe.

Alweer is de vraag naar opleidingen groter dan we met het team van nu vijf mensen kunnen behappen. Daarom wordt nog één iemand aangenomen, dit keer een vrouw. Voor het verhaal is het handig om te weten dat de eigenaar van Surinaamse afkomst is. Het betekent dat de mensen die aangenomen worden ook tot deze bevolkingsgroep behoren. Veelal komen ze, net als ik, via via binnen.

Na een paar dagen vraagt de kersverse collega aan mij: "Hoe is het nu om met een Surinaamse vrouw samen te werken?". Ik kijk haar aan alsof ik water zie branden, ik begrijp de vraag niet. "Het moet toch anders zijn, een vrouw tegenover je?" blijft ze volhouden. Dit voorbeeld is tekenend voor hoe ik naar mensen kijk: als wezens met eenzelfde potentieel misschien uiterlijk anders, maar daarom niet minder waardevol.

Verkoop een idee, geen product

Een van de belangrijkste lessen die ik tijdens het werken bij dit bedrijf geleerd heb, is dat je geen volledig product hoeft te hebben om toch de markt ermee op te gaan. Dit werd voortdurend gedaan bij het verkopen van opleidingen. Er werd een inschatting gemaakt van wat nodig was bij een bepaalde aanvraag. Hiermee werd een inhoudsopgave geschreven en vaak een aanzet voor het eerste hoofdstuk.

Met dit materiaal werd de opdrachtgever benaderd om te peilen of er interesse was. Dit was lang niet altijd het geval. Als een opdracht wel werd gegund, betekende dit enkel dat er een aantal dagen heel hard gewerkt moest worden om de eerste hoofdstukken in te vullen. De rest zou wel komen als de cursus volgde. Eigenlijk dezelfde werkwijze die ik bij mijn eerste opdracht had toegepast.

Boerderij met mijn neef

We wonen in Amsterdam, op een prachtige bovenwoning. Die hebben we gekregen door woningruil. Van een heel klein tweekamerappartement naar een bovenwoning met grote woonkamer, zijkamer, slaapkamer, aparte keuken, balkon en nog een kamer op zolder. We konden ons geluk niet op. Toch wordt langzaam maar zeker duidelijk waarom de persoon wegwilde uit dit paradijsje. Er hangt een aanzienlijk prijskaartje aan de woning, dat ieder jaar met procenten tegelijk wordt verhoogd. Daarom kijken we naar alternatieven. Het meest voor de hand liggend is het kopen van een huis.

Op een van onze fietstochten zijn we op weg naar mijn neef, zijn vriendin en twee kinderen die in Hoorn wonen. Terwijl we met de wind mee richting onze bestemming vliegen, komt spontaan het idee naar boven om 'een grote boerderij te kopen, samen met anderen'. Een mooi plan, want dan ontstaat de mogelijkheid, in ieder geval in onze dromen, om veel meer grond en oppervlakte te kopen. Maar met wie? Als we het idee delen met mijn neef wordt er enthousiast gereageerd. Wat een idee!

Het plan wordt gesmeed om samen op zoek te gaan naar een geschikte locatie, iets dat moeilijker lijkt te zijn dan gedacht. Want een twee keer zo groot huis, kost niet twee keer, maar meestal drie of vier keer zoveel als twee kleine huizen.

Op een dag wordt mijn neef gebeld door een vader van een van zijn leerlingen (hij is gitaardocent). Deze vertelt dat de boerderij naast hem door de gemeente bij opbod verkocht zal worden. We gaan meteen aan de slag, gaan kijken, lopen rond op het erf en maken direct plannen. Ook gaan we op bezoek bij de vader die ons getipt heeft.

Hij is minder enthousiast dan wij. "Weet wel dat een boerderij als deze twintig meter lang en acht meter breed is. Een dakgoot vervangen is wel even iets anders dan bij een rijtjeshuis. Kijk goed uit wat jullie voor bod doen." Hij kent een aannemer die wel een keer met ons om het pand wil lopen om de ergste gebreken aan te wijzen.

Deze bezichtiging is een avontuur op zich. De man kent de boerderij als zijn achterzak en weet allerlei oude verhalen te vertellen. De mooiste opmerking vind ik nog steeds welke hij uitspreekt bij een stuk muur dat een duidelijke scheur vertoont "Dat hangt nog honderd jaar, uit gewoonte".

Uiteindelijk is de grote dag daar en kunnen we een bod uitbrengen. We doen het biedingsformulier in de enveloppe met daarop een bod van 150.000 gulden. Het lijkt ons veel te weinig, maar we hebben begroot dat we dan allebei 65.000 gulden overhouden om in de bouwval twee kleine paleisjes te bouwen.

Soms krijg je (niet) wat je wilt

Tot onze grote verbazing wordt ons een paar dagen later medegedeeld dat wij het hoogste bod hebben gedaan. Wij kunnen ons geluk niet op.

De euforie is van korte duur. Bij het eerste gesprek met de hypotheekspecialist van mijn neef, die al een koopwoning heeft, blijkt dat hij bij verkoop van zijn huis een boete van 25.000 gulden moet betalen. Hij heeft namelijk een huis gekocht met een premieregeling. Dit betekent dat hij het huis goedkoop heeft kunnen kopen, maar dat er 10 jaar lang een aflopende boete betaald moet worden bij verkoop. Onze begroting valt in het water.

Met hangende pootjes gaan we naar de gemeente. "We kunnen helaas ons bod niet nakomen, omdat we een boete over het hoofd gezien hebben," vertellen we met het schaamrood op onze kaken. De ambtenaar verblikt of verbloost niet. "Dan maken we toch 125.000 gulden van het bod". En daarmee kunnen we weer vol aan de slag.

We maken tekeningen. Eerst maar eens de benedenverdieping invullen. Het gaat tenslotte om vier keer zo veel oppervlakte als een normale eengezinswoning. Ook de tuin wordt verdeeld.

Toch blijft er één onoplosbaar probleem. Wie is de eigenaar van het pand? Voor de gemeente zijn wij dat, twee stellen. Als het pand dan eenmaal is aangeschaft, kan het worden gesplitst. Dan is één stel de eigenaar van de voorste helft, het andere stel eigenaar van de achterkant. Helemaal goed. Helaas zien de hypotheekverstrekkers het toch echt anders. Zij willen dat er eerst twee aparte objecten zijn. Een voorste gedeelte dat eigendom wordt van het ene stel en een achterste gedeelte dat toebehoort aan het andere stel. Ze willen dat het pand gesplitst is voordat het verkocht wordt. Dat kan volgens de gemeente niet, want om iets te kunnen splitsen moet het eerst iemands eigendom zijn

....

Na vele pogingen om het linksom of rechtsom voor elkaar te krijgen, geven we de moed op. Weer gaan we naar de gemeente en met pijn in ons hart trekken we het bod in. In de boerderij liggen onderhand al allerhande spullen van ons, waaronder een complete WC die we ergens gevonden hebben.

En weet het Universum het beter

Een paar maanden later merkte iemand in een gesprek op: "Weet je wat ik me nu afvraag, waarom hebben jullie twee het pand niet gekocht. 125.000 gulden hadden jullie gemakkelijk kunnen lenen. Dan waren jullie eigenaar geweest, hadden het vervolgens gesplitst en de helft aan je neef verkocht." Wat voelden we ons stom. Waarom had niemand eerder aan deze eenvoudige oplossing gedacht?

Het antwoord kwam een half jaar later toen bleek dat de vrouw van mijn neef een hele tijd ernstig ziek werd. De zorg die zowel zij als de kinderen nodig hadden, hadden nooit op een goede manier gegeven kunnen worden als ze in een bouwval hadden gewoond.

De bubbel barst

Het gaat het computerbedrijf waar ik werk voor de wind. Er is een voortdurende vraag naar opleidingen, nieuwe computers en netwerken. De combinatie van trainingen en allochtone leerlingen die hun schoolopleiding niet hebben afgemaakt, ligt goed in de smaak bij gemeenten.
Het maakt dat er volop budget is om nieuwe dingen te onderzoeken. Met mijn opleiding in de informatica ben ik de aangewezen persoon om deze innovaties te onderzoeken. Zo bouw ik programma's voor exporteurs van auto's naar West-Afrika en ontwerp ik een systeem om computersystemen te beveiligen tegen inbraak, door vanuit de centrale computer terug te bellen naar een vastgelegd telefoonnummer om zo te verzekeren dat enkel de juiste personen kunnen inloggen. Als ik het zo opschrijf, klinkt het wezenloos ouderwets, maar in die tijd was dit het neusje van de zalm. Ik verzin de naam Smaug ervoor, de naam van de draak die de ring van de Lord of the Rings bewaakt.
Het begin van 1991 luidt een neergang in. Er gebeuren twee dingen tegelijkertijd. Ten eerste begint de vraag naar nieuwe computers plotseling sterk af te nemen. Na een aanvankelijke hoerastemming waarbij iedereen geloofde dat met computers alle problemen van een bedrijf per direct werden opgelost, begint nu de scepsis de overhand te nemen. Eigenlijk vindt iedereen dat er wel genoeg computers zijn aangeschaft. Zonder nieuwe computers, geen nieuwe werkplekken en daarmee droogt vrij snel het budget voor opleidingen op en gaan alle mooie nieuwe innovaties ineens alleen maar heel veel geld kosten, in plaats van de belofte voor grote verdiensten die ze een aantal maanden daarvoor nog vertegenwoordigden.

Naast al deze ontwikkelingen neemt een groot beeldschermconcern contact met de leiding van het bedrijf op. Ze geven aan dat de naam die wij gebruiken te veel hetzelfde klinkt als hun naam, zeker omdat ze in dezelfde branche zitten. De eigenaren zijn hierop gewezen door de kamer van koophandel. Ze moesten overal de naam aanvullen met Amsterdam B.V. Het beeldschermbedrijf heeft echter een aantal keer gebeld en deze aanvulling nooit gehoord. Ze eisen dat de naam van het bedrijf wordt veranderd en dreigen met advocaten en een gang naar de rechter.

Na drie maanden wordt het duidelijk dat er zeer binnenkort geen geld meer zal zijn om wie dan ook te betalen en dat de enige oplossing is om iedereen te ontslaan. De twee eigenaren gaan samen verder om te kijken of ze nog voldoende werk kunnen genereren om van te leven.

Het is jouw schuld

Een paar weken nadat ons dit is verteld, ligt er een brief van mijn werkgever op de mat. Hierin staat dat het bedrijf failliet gaat en dat de grootste veroorzaker hiervan mijn persoon is. Het innovatieve werk heeft zoveel geld gekost, dat daarmee de kans op overleven minimaal is geworden. Het doet pijn om het te lezen. Het voelt alsof alles op mij geschoven wordt, terwijl ik hiervoor geen verantwoordelijk droeg.

Terugkijkend kan ik zien dat iemand de schuld moest krijgen. Vroeger in mijn ouderlijk gezin noemde we dat het spelletje 'het is jouw schuld'. Vaak is het gemakkelijker om iemand aan te wijzen als 'de schuldige' dan om naar je eigen bijdrage te kijken.

Schellinkhout

Een half jaar na ons avontuur met de boerderij belt mijn neef mij op. Het is zondagmiddag. In het plaatselijke krantje heeft hij net gelezen dat er een huis in Schellinkhout te koop staat. Een schattig klein huisje, echt iets voor ons. In de tekst die erbij staat, wordt een telefoonnummer vermeld. Mijn neef is gaan kijken en zou het meteen kopen. Maar ja, het is zondag en het loopt al tegen de avond. Eigenlijk kun je dan niet bellen. Tegelijkertijd lijkt het een buitenkans. En dus, ondanks alle tegenwerpingen, trek ik de stoute schoenen aan en pak de hoorn met de woorden: "Als het een reguliere makelaar is, dan hoort hij de telefoon niet. Een particulier zal blij zijn dat ik hem nu bel". Er blijkt nog een derde mogelijkheid: een makelaar met kantoor aan huis.
De man is allervriendelijkst. Natuurlijk kunnen we het huis bezichtigen. We moeten wel weten dat er veel belangstelling voor het huis is en er al een aantal afspraken gemaakt zijn. De eerste is morgen, maandag, om twee uur. Ik geef aan ook maandag wel te willen komen. "Dan wordt het om één uur of om drie uur," zegt de makelaar. Natuurlijk kies ik voor de mogelijkheid om vóór de eerste bezichtiging te gaan kijken. Blijft alleen nog het kleine probleem dat ik pas maandagochtend kan vragen of ik vrij kan krijgen, maar dat risico neem ik maar. Wij zijn het eerste moment dat we het huis binnenstappen verkocht. Een pittoresk huis, met blauwe balken, een gammele maar o zo aansprekende ouderwetse keuken. Een wankele wenteltrap brengt je naar een grote slaapkamer, met een mega dakkapel die uitzicht geeft over het IJsselmeer. Nadeeltje is wel dat er geen echte douche is; in een bijschuur is een plekje gemaakt waar met een klein boilertje warm water wordt gemaakt dat je kunt gebruiken om je

schoon te maken. Tien liter is echt wel heel weinig, maar ach een kniesoor die daarop let.
De vraagprijs ligt iets wat boven ons budget. Tussen de gevraagde 148.000 en ons maximale bedrag van 125.000 zit, zo kan iedere wiskundige bepalen, een gat van 23.000.
We geven aan wel interesse te hebben in het huis. "Wat is een bod dat u wilt overwegen?" vraag ik voor mijn neus weg. "Alles vanaf 141.000 willen we zeker overwegen," is het antwoord. En dus rijden we als de weerga naar huis (ook hier geldt: andere tijden, geen mobiele telefoons) om mijn ouders te vragen of ze ons wellicht 15.000 willen lenen. De andere duizend moeten we maar bij elkaar zien te schrapen.
Mijn ouders, geheel overvallen, (wat niet de laatste keer zal zijn) stemmen snel in. Gelukkig weten we dat je na het uitbrengen van een bod nog zes weken de tijd hebt om je financiering rond te krijgen. In die tijd gaan we wel zien hoe de financiën geregeld kunnen worden. We bellen de makelaar en doen een bod van 141.500. Die avond worden we gebeld met felicitaties, we zijn de trotse nieuwe eigenaar van een dijkhuis in Schellinkhout.

Pas later zie je de reden

In dit verhaal zie ik heel mooi hoe dingen, die in eerste instantie tegen lijken te zitten, de informatie leveren om later een juiste beslissing te nemen. Toen wij maandag terugreden naar huis, konden we heel snel beslissen of we het huis wilde kopen. Het lag namelijk nog geen kilometer verwijderd van de boerderij die we met mijn neef gingen kopen. Alle beslissingen over de plek in relatie met werk, winkels, vrienden en familie op grotere afstand hadden we al overwogen. We wisten dat we in die omgeving wilde wonen. Daarom konden we in nog geen uur beslissen.

Taxateur inventaris

Nadat de informatica bubbel gebarsten is, kom ik niet meer aan het werk. Ineens ben ik van 'iemand met de oplossing voor ieder probleem' verworden tot 'iemand die geen opleiding had genoten'. Ja leuk hoor computers, maar waar heb ik daarnaast voor geleerd? Het is echt schokkend om van iedereen te horen te krijgen dat mijn hele studie niets voorstelt.
Ik neem deel aan een training heroriëntatie op je carrière. Verzekeringen lijkt me wel wat. Daar is goed geld in te verdienen en ook hierin worden de eerste stappen gezet om berekeningen te gaan doen m.b.v. van computers. Ook heb ik een gesprek met onze plaatselijke adviseur om te achterhalen wat de voor- en nadelen zijn van het vak. Mooi is dat je je eigen tijd kan indelen. Wat me vooral tegenvalt is dat veel gesprekken in de avond plaatsvinden. Als er iets is dat ik niet ben, dan is het wel een avondmens.
Er zit uiteindelijk niets anders op dan me om te scholen. En dus begin ik bij het begin: assurantiën A. Zoals in iedere basiscursus zit er heel veel stof in waarvan je je afvraagt waarom je dit moet weten. Met weinig moeite haal ik mijn diploma. Dan komt deel B. Dit is zware kost, het vraagt echt dat ik hierop ga studeren.
Ondertussen solliciteer ik me een slag in de rondte. Het valt niet mee om de moed erin te houden. Dan zie ik een merkwaardige advertentie in de krant: gezocht taxateur inventaris. Uit de beschrijving maak ik op dat het gaat om bedrijven te bezoeken om vast te stellen wat er aanwezig is voor de verzekering. Gevraagd wordt assurantiën A en B, of de bereidheid om die te behalen. Omdat ik deel A heb gehaald en er ook nog een auto van de zaak wordt aangeboden, besluit ik te solliciteren.

Tot mijn blijdschap word ik uitgenodigd voor een gesprek. Gelukkig heb ik al een aantal gesprekken gevoerd en ben redelijk voorbereid. Toch is het anders. Ik solliciteer naar iets dat ik nog nooit eerder heb gedaan, dus ik moet alle zeilen bijzetten om überhaupt de vragen te kunnen beantwoorden.

Helemaal aan het eind van het gesprek wordt me gevraagd hoe ik tegen de baan aankijk. "Ik heb er erg veel zin in," antwoord ik enthousiast. Een week later word ik aangenomen als taxateur inventaris.

Wees positief

Een aantal maanden later spreek ik de directeur van het taxatiebedrijf. Het gebruikelijke gesprek om een nieuwe werknemer wat beter te leren kennen. Lachend vraagt hij mij: "Weet je waarom jij de baan hebt gekregen? De andere kandidaat die we hadden uitgenodigd was veel beter gekwalificeerd dan jij. Maar hij antwoordde op mijn laatste vraag iets van "Nou, dat is nog maar afwachten". Jouw antwoord was zo lekker positief."

Spontane regressie

In de tijd dat ik met mijn neef bezig ben met de boerderij, ontdek ik tarotkaarten. Ze liggen op een tafeltje met de achterkant naar boven. Ergens weet ik dat ik iets met deze kaarten heb.
Als ik ze omdraai zie ik afbeeldingen waarvan ik meteen weet wat ze betekenen. De figuurtjes en de symbolen op de kaarten lijken een bekende taal te spreken. Ze vertellen over geluk, tegenslag, jezelf kapot denken en een nieuw begin. Het is verbazend hoe goed ik zonder enige aanwijzing het een en ander kan vertellen.
Ik ben gefascineerd door de kaarten. Ik koop zelf een pak, een boek, dan nog een en nog een. Bij ieder voorval trek ik een aantal kaarten, leg ze in een van de vele patronen en lees daaruit wat 'het antwoord op de vraag is'. Ik ga er helemaal in op.
Op een dag word ik wakker met een angstig gevoel. Zoals je nu wel weet is angst best wel een ding in mijn leven, maar dit is anders. Ik ben echt heel bang. Ik wil het liefst thuisblijven, niet met mensen in contact treden. Ook is er een beeld in mijn hoofd, van een groene weide aan de rand van een bos. Het bos loopt enigszins cirkelvormig om de weide heen. Ik weet dat achter mij, waar ik sta, een huis is, waar ik woon.
In paniek bel ik de vrouw van mijn neef op. Nu wil het 'toeval' dat zij net het eerste jaar voor regressietherapeut heeft afgerond. Ze weet meteen wat er aan de hand is. Ik zie iets uit een vorige incarnatie. Voor mij is het allemaal nog abracadabra, wat het ook is, ik wil er niet mee blijven rondlopen. Dezelfde dag komt ze bij mij en daalt met me af de herinnering in.

Er komt een verhaal naar boven waarin ik als Tarotist in de bossen woon om niet gevonden te worden door de kerk. Ik geef daar mensen advies over hoe ze om kunnen gaan met de uitdagingen die ze ontmoeten. Het werk dat ik doe is verboden, maar de mensen zijn me dankbaar dat ik luister en ze advies geef.

Op een dag komt er een man aan de deur met vreemde vragen. Ze zijn anders, het voelt eigenlijk al meteen niet goed. Toch ga ik tegen mijn gevoel in en vertel de man wat ik in de kaarten zie. Als hij vertrekt weet ik dat het niet goed zit. Deze man komt uit het verkeerde kamp. Dit is precies het punt waar ik in mijn herinnering ben. Ik weet dat er iets staat te gebeuren, wat niet goed gaat aflopen. Samen onderzoeken we hoe het verhaal verder gaat.

De volgende dag komen er twee mannen naar mijn huis en nemen me mee. Ik word in een kerker geworpen en enige dagen later word ik voor de raad gebracht. Vier mannen staan voor een lange tafel, ik zit op mijn knieën voor ze. De bedoeling van het gesprek is dat ik toegeef dat ik verkeerd gehandeld heb. Ik heb immers met krachten van de duivel gewerkt. Iedere keer als ik ontken word ik geschopt en geslagen. Uiteindelijk besluit ik om dan maar toe te geven dat het verkeerd is wat ik gedaan heb. Een uitspraak die ik met de dood bekoop.

In de maanden die volgen ga ik naar een andere hypnotherapeut en werk aan het verwerken van het gevoel van onrecht en onmacht dat is ontstaan door deze gebeurtenis.

Er is geen goed en slecht

Bij het gebruik van tarotkaarten worden bepaalde kaarten vaak als goed en andere als slecht bestempeld. Ik geloof daar niet in. Iedere kaart heeft een kant die bijdraagt (aan geluk, saamhorigheid, verbinding) en een die afbreekt.

Neem als voorbeeld een kaart als de Duivel. Deze kaart wordt geassocieerd met het ego en daarmee met egoïstisch en dwingend. De positieve kant van het ego is het aangeven van grenzen en wat je zelf nodig hebt, zonder dat je *eist* dat er onvoorwaardelijk aan toegegeven wordt.

Een kaart die, hoe raar het ook misschien klinkt, nauw verbonden is aan deze kaart is de Geliefden. Deze kaart wordt vaak gezien als het ultieme doel, van iemand of liefst van iedereen houden. Toch zit hier een schaduwzijde aan: zachte heelmeesters maken stinkende wonden. Als niet aangegeven wordt waar grenzen liggen en dat je je daaraan dient te houden, ontstaat al snel een staat van chaos.

Burn-out

Het leven lijkt voor de wind te gaan. We hebben allebei een baan, we zijn druk bezig met het maken van verbouwingsplannen voor het huis. We genieten van het goede leven. Toch is er meer aan de hand dan aan de buitenkant zichtbaar is.

Ik geniet van mijn baan als taxateur inventaris. Het werk houdt in dat ik naar bedrijven toerijd en daar registreer wat er allemaal aan inventaris aanwezig is. Het voelt een beetje alsof ik de koning ben. Ik stap een bedrijf binnen en wil overal, echt overal, kijken. Dus ook in de ruimtes waar de meeste bedrijven liever niet willen dat je kijkt. Ik kom in bedrijven met prachtige entrees met achteraf een zooi waar ieder normaal mens zich voor schaamt. En steeds is steevast mijn antwoord: "Tja, ook daar moet ik kijken, want ik moet alles opnemen."

Dit opnemen gebeurt met een kleine voicerecorder. Lopend door het pand spreek ik in wat ik zie. "Zestien lampen, eenvoudig model, tien tafels van Overtoom met zestig kuipstoelen. Eén koffiezetapparaat met vier smaken, veertig kopjes met bijbehorende lepeltjes, een tafelmodel koelkast, onder een eigen gemaakte plank." Zo dat was de kantine. Door naar de volgende ruimte, onderwijl spreek ik in wat ik zie in de hal.

Mijn ingesproken bandjes gaan naar de administratie waar twee ijverig werkende medewerkers al mijn gebrabbel intypen in een tekstverwerker. De uitdraaien vind ik op mijn bureau als ik weer eens op kantoor ben. Het idee is dat ik nu aan alles wat ik heb gezien een prijs hang. Er zijn op kantoor een aantal gidsen van grote inkooporganisaties aanwezig waarin ik prijzen kan opzoeken. De prijzen die ik hiermee kan vinden zijn slechts een klein gedeelte van alles wat ik zie. Hoe ik prijzen van andere stukken kan vinden, zal mij geleerd worden door mijn twee collega's. Klein probleem daarbij is, is dat het bedrijf zo snel groeit, dat zij tot hun oren in het werk zitten. Veelal vullen ze prijzen uit hun hoofd in voordat ze naar een volgend bedrijf gaan. En als ze al op kantoor zijn, worden ze in beslag genomen door het bellen van bedrijven om prijzen te achterhalen of overleg met het management.

Eind van het liedje is dat ik niet verder kom met het bepalen van prijzen en dus maar weer op pad ga om de volgende inventaris op te nemen. Het komt niet in me op om te zeggen dat het niet gaat, of net zo lang op kantoor te blijven zitten totdat iemand me wel helpt met het opzoeken van prijzen.

De medewerkers op kantoor zijn mij zeer ter wille. Ze helpen me steeds weer om gemakkelijke opnames uit te zoeken, zodat ik het minst voor problemen gesteld wordt. Toch stapelen de rapporten, waarin nog een aantal dingen staan zonder prijs, zich gestaag op.

Dan draait het Universum de geluidsknop een beetje harder. Want dat doet het als er een les ligt om geleerd te worden die je niet ter harte wil nemen, in mijn geval zeggen dat ik het niet kan. Er komt een spoedopdracht binnen: een discotheek moet worden opgenomen. Beide andere taxateurs zijn bezig voor belangrijke klanten en dus besluit men op kantoor dat ik dan maar naar de discotheek moet gaan.

Het lijkt me waanzinnig! Ik heb altijd al geklooid met versterkers, muziek en licht. In een discotheek rondlopen, terwijl er niemand is. Ik zie alle mengpanelen en lichtborden al voor me. Wat ik even vergeet, is dat ik daar niet heenga voor de gezelligheid, maar voor het opnemen van de inventaris. De moed zinkt me in de schoenen als ik de slecht verlichte ruimte binnenstap. Overal lampen, snoeren, schakelaars, kasten. Van negentig procent weet ik niet wat het is, hoe het heet. In paniek probeer ik aan iemand te vragen of de kabels ook opgenomen moeten worden.

Ik krijg een koekje van eigen deeg (ik voelde me toch altijd de koning): "Jij bent hier toch de expert!" Zo goed en zo kwaad als het gaat, spreek ik in wat ik zie. Heel veel nummers en codes op achterkanten van apparaten, hopende dat ik hiermee op kantoor nog iets kan terugzoeken. Ergens weet ik dat dit hopeloos is, maar ik weet mezelf goed te houden totdat ik thuis ben.

De volgende dag sleep ik mezelf naar kantoor. Ik moet het bandje inleveren van de discotheek om uitgewerkt te worden. Daarnaast is aangegeven dat de rapporten wel erg lang liggen en dat ik moet beginnen om de rapporten van de eerst opgenomen bedrijven af te ronden.

Ik weet nog hoe ik de stapel in mijn postvak omdraai om zo het oudste rapport bovenop te krijgen. Ik sla het rapport open en kan me absoluut niet meer herinneren hoe het er in dat bedrijf uitzag, laat staan dat ik weet wat de bijzondere dingen waren die ik niet heb kunnen prijzen. Snel pak ik de tweede, in de hoop op meer succes. Maar ook hier van hetzelfde laken een pak. Geen idee meer wat ik bedoelde met de omschrijvingen die een aantal maanden geleden toch zo vanzelfspre-

kend leken. Een blinde paniek maakt zich meester van mij. Om te zorgen dat de maat echt vol wordt, komt een van de kantoormedewerkers naar me toe met de mededeling dat mijn opname van gisteren echt heel slecht te verstaan is en dat zij zich afvraagt of ze dit wel kan uitwerken.
In tranen verlaat ik het pand.
Dagen zit ik thuis. Ik voel me helemaal leeg, kan niets hebben, slaap heel veel en kan geen enkele gedachte meer tot een goed einde brengen. Dit is het keerpunt in mijn leven. Ik begin te onderzoeken hoe de wereld in elkaar zit, waarom het zo slecht met me gaat.

We jagen onszelf voort

Een van de belangrijkste boeken die ik in deze tijd heb gelezen is 'Lessen van Burn-out' van A. van Bergen. Ze beschrijft hoe zij als journalist het rare fenomeen van overspannenheid en burn-out gaat onderzoeken vanuit de gedachte dat het allemaal onzin in. Tot haar grote ontsteltenis belandt ze zelf in een crisis die wordt gediagnosticeerd als een burn-out. Heel leerzaam is het om te lezen dat bij deze ziekte het niet te voorspellen is hoe lang het herstel gaat duren, sterker nog dat iedere poging om de genezing te versnellen de hersteltijd enkel maar langer maakt.

Ook lees ik dat het geen kwaad kan om nee te zeggen. Iedereen probeert om zoveel mogelijk werk aan een ander te slijten om zich zo te kunnen focussen op wat echt belangrijk wordt gevonden. Iemand die op alles 'ja' antwoord is dan heel fijn. Want daar kun je alles heenbrengen wat je zelf niet wilt doen. Degene die ja antwoordt denkt, omdat het gevraagd wordt, dat het antwoord bevestigend moet zijn.

Ze beschrijft hoe ze, nadat ze mensen is gaan coachen vanuit haar eigen ervaring, een secretaresse leert om twee keer ja, één keer nee te zeggen, ongeacht wat de vraag is. Tot de verbazing van de secretaresse gebeurt het maar een enkele keer dat iemand echt op zijn strepen gaat staan en wil dat ze het toch doet. Oplossing: dan de volgende keer twee keer nee, één keer ja. Het werkt echt.

Wat van Bergen ook ontdekt is dat een groot deel van de bedrijfscultuur waar wij zo onder lijden als werknemers, wordt veroorzaakt door onszelf. Dat zit zo:

Investeerders zoeken naar bedrijven die lucratief zijn. Ze doen dit door te kijken naar drie factoren: de gemaakte winst, het aantal vaste werknemers en het eigen vermogen. Hoe meer winst, hoe meer eigen vermogen en hoe minder vaste werknemers, hoe interessanter het bedrijf is. Om interessant te zijn voor investeerders hebben bedrijven een kortetermijnvisie, die direct veel winst oplevert en bijdraagt aan een groot eigen vermogen. Om zo min mogelijk vaste werknemers in dienst te hebben, huren ze graag uitzendkrachten in. Ook nog eens lekker flexibel.

De vraag is: hoe komen investeerders aan hun kapitaal. Dit kapitaal wordt voor een groot deel bijeengebracht door werknemers die, al dan niet verplicht, sparen voor hun pensioen of via investeringsprojecten hopen op een groot rendement zonder er veel voor te hoeven doen. Op deze manier komt heel veel geld in de handen van een kleine groep mensen, de investeerders. Die zorgen vervolgens voor de bedrijfscultuur waar deze werknemers zo'n last van hebben.

De ziektewet in

Het lastige met overspannenheid en burn-out is dat je geen enkel tijdspad kunt uitzetten voor het herstel. Hoe meer je gaat proberen om een tijd aan iets te plakken, hoe meer de stress toeneemt. Tegelijkertijd komt overspannenheid juist voort uit het feit dat je alles in de hand wilt hebben en 'ik kan het niet zeggen' geen optie is. Het devies voor herstel is daarom, laat alle moeten los, kom tot jezelf en werk aan een andere manier om met de wereld om te gaan.

De buitenwereld kijkt daar heel anders naar, die heeft voor alles een tijdspad en procedures voor het omgaan met iemand die ziek is. En dus belt na een paar weken iemand op om te horen hoe het met mij gaat en of ik al snel van plan ben om naar het werk terug te keren. Op advies van de therapeut die mij terzijde staat, houd ik iedere hint die in een dergelijke richting gaat resoluut af. Maar na een aantal telefoontjes krijg ik te horen dat de baas van het taxatiebedrijf mij zal verblijden met een bezoek aan huis. Het gesprek gaat de kant op die ik al had verwacht. Na het verplichte informeren naar mijn gemoedstoestand en vorderingen, komt het hoge woord eruit. Het is nu toch echt tijd dat ik besluit om terug te komen. Al een aantal maanden zit ik nu thuis en het jaarcontract zal niet worden verlengd als ik nog langer thuis blijf zitten.

Aangeslagen blijf ik achter. Ik weet dat nu weer gaan werken geen optie is. Maar de andere keuze lijkt evenmin erg aanlokkelijk. Na een jaar zal ik worden opgeroepen voor een gesprek over de overgang van de ziektewet naar de afdeling arbeidsongeschiktheid. Of ik daar toegelaten zal worden, is maar zeer de vraag. Dan lijkt het enige station dat nog overblijft dat van bijstand, iets waar ik niet echt naar uit kijk.

Ondanks alle twijfels kies ik toch om te gaan voor goed herstel en meld ik mijn werkgever dat ik niet terug zal keren.

In de maanden die volgen ga ik door met mijn spirituele zoektocht. Ik ontdek Padwerk dat gebaseerd is op lezingen die doorgegeven zijn door Eva Pierrakos. Uit de samenwerking van deze vrouw en een lichaamsgerichte therapeut is een mooie therapievorm ontstaan. Het volgen van de therapie helpt me meer in contact met mezelf te zijn en een eerste contact te maken met mijn lichaam, iets dat ik tot dan toe helemaal niet deed.

Dezelfde therapeut introduceert kinderwerk bij mij. Een vorm van therapie waarin je leert om contact te maken met het deel van jezelf dat kind gebleven is. Dit deel kijkt vaak angstig naar de grotemensenwereld, waardoor je reageert alsof je nog klein bent. In de therapie leer ik om met dit deel te communiceren, de wensen ervan serieus te nemen en tegelijkertijd mijn volwassen-zelf te ontwikkelen, zodat ik stevig kan reageren als dat nodig is.

De tijd vliegt voorbij en voor ik het weet valt de brief van de uitkeringsinstantie op de mat met een uitnodiging voor een eerste gesprek. Het jaar is alweer voorbij. In de dagen voor het gesprek gaan er allerlei scenario's door mijn hoofd, geen ervan erg aantrekkelijk. Op de dag van de ontmoeting voel ik me allerminst happy. Toch vertel ik mijn innerlijk kind om lekker achter mijn rug te gaan spelen, terwijl ik het gesprek met de meneer zal voeren.

Het gesprek neemt een heel onverwachte wending. De keurend arts legt uit dat gezien de kwaliteiten die ik heb een overgang naar het kamp van arbeidsongeschiktheid onmogelijk is. Er is te veel werk wat ik nog wel kan doen. Hij hoort tegelijkertijd aan mijn verhaal dat ik nog niet klaar ben om aan het werk te gaan. En dus zegt hij, terwijl hij mijn dossier sluit: "Ik zal je wel aanmelden voor arbeidsongeschiktheid. De ambtelijke molens draaien hier niet zo snel en daarmee krijg je nog zeker een half jaar de tijd om aan je herstel te werken. Het betekent wel dat je een aantal keer opgeroepen gaat worden voor gesprekken, maar dat is beter dan de bijstand in."

Je weet het niet

Vaak denken we precies te weten wat er in een bepaalde situatie gaat gebeuren. Omdat iemand hetzelfde heeft meegemaakt en in die omstandigheden ergens is uitgekomen, is de veronderstelling meteen dat dit dus voor iedereen zo is. Het mooie van het leven is dat ieder mens uniek is en dat daarom de interactie tussen ieder mens anders is. Waar de ene een keihard NEEN voor zijn kiezen krijgt, kan het zomaar zijn dat iemand anders in dezelfde situatie bij dezelfde persoon het voordeel van de twijfel krijgt.
Vaak is de insteek om van tevoren al te beslissen hoe een bepaalde situatie zal verlopen en daarbij ook nog vast te leggen dat 'als dit gebeurt dan ga ik daar absoluut niet in mee.'
Dat wat je in je hoofd hebt, bepaalt echter voor een groot gedeelte hoe je regeert en daarmee zet je de toon om precies dat te laten gebeuren wat je vreest. Want meestal is wat je voor ogen hebt dat wat je niet wilt dat gebeurt. Door vast te leggen wat je absoluut niet gaat doen, beperk je ook nog eens de mogelijkheden om wat goed is zich te laten ontvouwen.

Stem

Een andere werkvorm die ik in deze tijd ontdek is het gebruik van je stem om intuïtief te zingen. Ik word op het spoor gezet door een horoscooplezing waarin mij gezegd wordt dat ik mijn stem moet gebruiken om mensen te helpen hun spiritualiteit te ontdekken. De astroloog noemt Borg Diem, iemand die in boventonen zingt. Dit spreekt me niet direct aan. In de zoektocht die volgt, kom ik in aanraking met iemand die deze vorm van zingen, of beter gezegd klinken, gebruikt in een groep.

Haar aanpak is om iedereen tegelijk te laten klinken en dan te letten op wie het voortouw neemt, wie probeert harmonie te scheppen (ik dus) en wie juist heel erg zijn eigen ding blijft doen. Na een ronde klinken krijgt iedereen een opdracht om precies het tegenovergestelde te doen van wat net gedaan is: de harmonieuze mag disharmonisch zijn, de leider mag volgen. Na een jaar vertrekt de begeleiders naar Frankrijk. Ik heb daarna nooit meer iemand ontmoet die op deze manier werkt.

Na haar vertrek zoek ik te vergeefs naar andere begeleiders. Niets lijkt op wat zij deed. En dus laat ik het voor wat het is.

De innerlijke criticus

Stem is een mooie manier om in contact te komen met je innerlijke criticus. Zingen wordt in vele culturen gedefinieerd als een hele kleine groep mensen die in staat is om binnen een afgesproken kader klanken te kunnen voortbrengen. Het interessante daaraan is, dat als je van de ene cultuur naar de andere reist, of van het ene tijdperk naar het andere, het kader waarvoor het label 'mooi' geldt steeds verandert. Zelf verschillende muziekgenres kennen verschillende kaders. Zo wordt opera niet echt gewaardeerd door rockliefhebbers.

Dit gegeven maakt dat bijna iedereen een blokkade heeft ten aanzien van zingen. Zij die 'niet kunnen zingen' klappen direct dicht als je vraagt of zie iets van geluid willen voortbrengen. Deze mensen hebben allemaal gehoord dat ze beter zachter, achteraan of helemaal niet moeten zingen. De kleine groep die binnen het kader kan 'zingen' is zo geconditioneerd op juist zingen dat een vraag om spontaan te zingen alle alarmbellen doet rinkelen.

Bij intuïtief zingen gaat het niet om of je binnen de lijntjes kunt zingen, maar of je jezelf kunt toestaan om dat wat binnen in je leeft naar buiten te laten komen in de vorm van klanken. Op het moment dat je dat doet, komt bij vrijwel iedereen een innerlijke stem, de criticus, naar boven. Die heeft voortdurend en vaak luidkeels commentaar op de klanken die worden voortgebracht. Ook wordt heel snel besloten dat verder zingen onmogelijk is. Kriebel in je keel, emotioneel worden of een gevoel van ongemak maakt dat er wordt gestopt. Daarentegen is juist het bezingen van wat je ervaart in je lichaam heel ontspannend en helend.

Wanneer iemand klinkt vanuit zijn diepste wezen is dat heel kwetsbaar. De combinatie van het horen van de klanken en het ervaren van de kwetsbaarheid van de persoon maakt dit een hele bijzondere ervaring om bij aanwezig te mogen zijn. Daarnaast is het voor de persoon zelf heel bevrijdend om eindelijk de ziel toestemming te geven om zich te laten horen.

Pissebeddenplaag

Ondertussen hebben we ontdekt dat ons idyllische huisje aan het IJsselmeer toch wat minder solide in elkaar steekt dan we gedacht hadden. Omdat de muren hier en daar wat grijs beginnen te worden, halen we een klein stukje muur weg. Direct achter het gips zit een laag glaswol, die als isolatie dienstdoet, maar er zorgwekkend nat uitziet. Als de glaswol wordt weggehaald, komt een muur tevoorschijn die letterlijk zwart is van alle pissebedden die daar een heerlijk vochtig onderkomen hebben gevonden. Ook is er de douche met de tien liter boiler, waar echt iets aan moet gebeuren. Want nu is het zaak om heel snel te douchen.

Er worden allerlei wilde plannen bedacht om het huis groter te maken. Ik heb altijd gehouden van huizen met een mansardekap. Of daken waarbij de dakkapellen een scheef pannendak hebben. Alle ideeën worden door de gemeente direct naar de prullenbak verwezen met de mededeling dat het huis deel uitmaakt van een beschermd dorpsgezicht en dat daarom het vooraanzicht van het pand hetzelfde moet blijven. We gaan door met zoeken en zoeken, tot grote ontzetting van de plaatselijke ambtenaar die maar niet begrijpt dat zijn voorstel om een tweede huis achter ons huis te zetten geen goed idee is. Uiteindelijk wordt het plan om het dak verder omhoog door te trekken aanvaard en kunnen we aan de slag met het maken van tekeningen.

Er is iets raars aan de hand met het maken van tekeningen. Het budget dat beschikbaar is voor de verbouwing is niet groot. Daarom lijkt het een goed idee om zelf de tekeningen te maken. In mijn jeugd ben ik een keer een buurman tegengekomen die architect was.

Ik herinner mij levendig dat ik, op mijn vraag wat dat dan wel was architect, uitgelegd kreeg hoe hij tekeningen maakte van nieuwe gebouwen. Op mijn antwoord dat me dat heel leuk leek, tekenen, kreeg ik te horen: "Ach, jij kunt nog niet eens het begin van een lijn tekenen." Later leerde ik dat architecten met Rotring pennen tekenen en bemerkte hoe lastig het is om echt regelmatig met deze pennen te tekenen.

Nu ik zit te schrijven, realiseer ik me dat deze opmerking mij niet heeft tegengehouden om de tekeningen voor de verbouwing te maken. Sterker nog, de opmerking dat ik geen lijn kon tekenen, maakte enkel dat ik meer vastberaden was om wel de tekeningen zelf te maken. Mijn inventieve geest bedacht dat je ook met een computertekeningen kon maken, wat ook nog het voordeel had dat aanpassingen gemakkelijk te maken waren. Hoe wonderlijk dat de ene opmerking je lamlegt en de andere je juist tot actie aanzet. Ik dacht: 'Mij zul je niet krijgen!'

Het plan dat getrokken wordt, bestaat uit het verhogen van de kap, zodat er daar drie slaapkamers en een badkamer komen met een echte trap naar boven. Beneden komen een toilet, een open keuken en grote woonkamer en nog een kleine werkkamer.

Terwijl de plannen worden gekeurd en voorzien van commentaar, zoek ik contact met de plaatselijke aannemer. Mij is verteld dat het plaatsen van een dak enkel gedaan mag worden door een erkende aannemer. Ook is het inkopen beton en de hele lange balken, die nodig zijn voor het nieuwe dak voorbehouden aan aannemers. Nadat de plannen definitief goed worden gekeurd, stel ik een lijst op met alle benodigde materialen. Een indrukwekkende lijst, waar ook een indrukwekkend bedrag aan wordt gehangen door de aannemer.

Wonderbaarlijk genoeg blijkt er een subsidieregeling woningverbetering te bestaan die de kosten van materialen vergoed, kosten van arbeid moeten zelf betaald worden. Laat dat nou net zo zijn dat we een groot gedeelte zelf, met heel veel hulp van vrienden, willen gaan doen. Dit betekent dat we bijna de volledige kosten voor de verbouwing kunnen indienen bij de gemeente.

Perfect, of is leefbaar goed genoeg

Ik begin aan het verbouwen van het huis met de instelling 'het moet perfect zijn'. Ik heb gezien hoe mooi een huis verbouwd kan worden en dat wil ik evenaren, zo niet nog beter doen. In het begin van de verbouwing is deze instelling niet echt een issue. Immers alles gaat over ruwbouw en zaken die achter de aftimmering vallen.

Gaandeweg merk ik hoe lastig het is om iets perfect te doen. Want er is altijd wel iets dat net te kort is afgezaagd, een knoestje in een aftiklat of een verflaag die net niet goed genoeg is uitgerold. Ik bemerk dat ik overal op begin te letten. Niet alleen bij mezelf, maar ook bij anderen zie ik waar de perfectie gemist is. Het is schokkend en bevrijdend tegelijk. Waar ik dacht dat de grote, prachtige huizen perfect waren afgewerkt, blijkt dat best tegen te vallen. Als ik goed kijk, zie ik overal wel wat. De bevrijding komt als ik voor mezelf besluit dat perfect helemaal niet bestaat en dat leefbaar een veel beter uitgangspunt is.

Het dak eraf

Voor het opbouwen van het dak prikken we samen met de aannemer een maandag waarop de werkzaamheden een aanvang zullen hebben en zetten de leveringsdatum van balken, plaatmateriaal op de vrijdag daarvoor.
Om vier uur op de bewust vrijdag is er echter nog geen balk, plaat of pannenlat geleverd. Enigszins geïrriteerd bel ik de aannemer op. Waar zijn de materialen? We gaan toch maandag beginnen! Realiseert hij zich wel dat mensen speciaal gevraagd zijn om vrij te nemen om te helpen? De reactie die ik krijg, laat me in verbazing achter: "Als ik zo denk te kunnen reageren, dan komt hij zeker niet helpen en moet ik maar zien hoe ik mijn huis gebouwd krijg!"
We laten de hulptroepen weten dat er maandag waarschijnlijk niet gewerkt gaat worden en beleven een niet echt prettig weekend. Maandag in de loop van de ochtend komt de vrachtwagen, volgeladen met onze bestelling. Excuses, maar het was niet meer gelukt om het vrijdag nog te leveren.
Er zit weinig anders op dan om zelf te beginnen aan het bouwen van het dak. Gelukkig is er wel het een en ander aan ervaring vanuit de oude boerderij die mijn ouders 27 jaar geleden hebben gekocht en naar hartenlust hebben verbouwd, samen met ons als kinderen en vele vrienden. En dus bepaal ik samen met mijn vader de hoek van het dak en zet met enige vrees de cirkelzaag in de eerste zeven meter lange balk. Op een enorm hoge trap, geleend van de buurman, zetten we de eerste twee balken tegen elkaar. En zo volgen er nog twee, en nog twee. Het is allemaal ongelofelijk wiebelig, totdat we de eerste plaat vastschroeven. Na een aantal dagen doorwerken, zit er een nieuw dak op ons huis.

Excuses aanbieden doet wonderen

Na het plaatsen van het dak, realiseer ik me dat ik in een nogal benaderde positie zit. Zonder aannemer wordt het niet alleen lastig om sommige materialen te bestellen en goed advies over bepaalde zaken te krijgen, we wonen ook in een klein dorp waar iedereen, iedereen kent en een mening heeft over situaties. Maar misschien wel de belangrijkste reden is dat ik het zelf zo vervelend vind om met iemand in onmin te zijn. Ik wil daarom proberen om de relatie weer te herstellen.

Nu doet het verhaal de ronde dat West-Friezen koppig kunnen zijn, maar de aannemer schijnt een klasse apart te zijn. Eenmaal in onmin betekent dat dit zo is voor de rest van zijn leven. En dus zit ik met een probleem.

Op een goede dag trek ik de stoute schoenen aan, fiets naar zijn huis, waar hij ook zijn werkplaats heeft. Als ik hem daar aantref, stap ik op hem af en bied direct mijn excuses aan. Ik zeg hoe het me spijt dat ik zijn expertise in twijfel heb getrokken, gewoon had moeten wachten tot het materiaal geleverd werd en dat ik graag met hem het dak had willen bouwen, maar toen geen mogelijkheid zag om contact met hem te leggen. Een enkel "Oh, is dat zo" is wat ik als reactie krijg. Maar na een week wordt het via de plaatselijke 'roddel' duidelijk dat die rare Amsterdammer iets heeft gedaan wat nog niet eerder is vertoond: hij heeft zijn excuses aangeboden. Vanaf dat moment is er weer een werkbare relatie met de aannemer, de lucht is geklaard.

Trap die niet past

We hebben al heel veel aan de verbouwingen van ons nieuwe huis gedaan. Er moet veel gebeuren en heel veel van het werk doen we zelf. Zo drillen we de oude betonnen vloer zelf uit het huis. Daarbij raakt mijn vader op een haar na de aanvoerkabel van de elektra, omdat deze in een krul onder de vloer ligt en niet zoals we natuurlijk aannamen rechtdoor van de weg naar de meterkast.
Ook vlechten we zelf een wapening voor de nieuw te storten vloer. Deze moet gekeurd worden door een ambtenaar van de gemeente. We zien als een berg op tegen deze inspectie. Ons is verteld dat je de verbindingen op een speciale manier moet maken, dat de afstand vrij nauwkeurig moet kloppen en dat ook de draagkracht wordt getest. Vooral het laatste baart ons zorgen. Het hele vlechtwerk lijkt ons veel te veel te dansen als je in het midden staat.
De middag van de inspectie staan we verwachtingsvol uit te kijken naar de aankomst van de gemeenteambtenaar. Hij komt aan, stapt uit zijn auto, loopt naar de openstaande zijdeur, kijkt naar binnen en zegt: "Aannemer B toch? Nou, ziet er top uit". Vol verbazing kijken we de auto na die alweer is vertrokken voor wij het goed en wel doorhebben.
Ook voor de trap kiezen we de doe-het-zelf optie. Een trap als bouwpakket bestellen, betekent dat je alle treden achter in een auto kunt leggen en alleen de trapspil, dat gedeelte waar alle treden als het ware omheen draaien op het dak van de auto hoeft te vervoeren. Geen grote aanhanger en ook nog eens een paar honderd gulden arbeidsloon bespaard. Mooi meegenomen. En dus laad ik vol goede moed een pakket genummerde planken in mijn auto.

Dan komt de dag dat de trap in elkaar gezet moet worden. De trappenmaker heeft me verteld dat ik met de onderste tree moet beginnen. Eerst het schotboord aanbrengen (dit is het gedeelte onder de tree), dan de eerste trede. Dan door met schotbord twee en de tweede tree, totdat er zoveel tredes aangebracht zijn dat je de hoek van de trap bereikt. Vervolgens de zijkant aanbrengen en afronden door de rest van de borden en treden aan te brengen en de tweede zijkant aan te brengen. Een kind kan de was doen en het mooiste is, je hebt niet eens spijkers nodig.

Bij het eerste schotbord is iets raars aan de hand. De gleuf in de trapspil waar het eerste bord in moet is te klein. Dus schaaf ik er een klein stukje af om het passend te maken. Het rare is dat de eerste trede en het tweede schotbord ook iets te groot zijn. Ik denk direct dat de trappenbouwer er niets van gebakken heeft, maar iets zegt me dat als én alle schotborden én alle trede iets te groot zijn, ik wellicht moet toegeven dat ik degene ben die er niet veel van bak. En dus bel ik de man op en vraag hem of hij kan komen kijken wat er verkeerd gaat.

Aangekomen, opent hij zijn gereedschapskist, neemt daaruit een grote houten hamer, plaatst het eerste bord en ramt het met groot geweld in de trapspil. En zo vervolgt hij met de eerste trede, totdat trede twintig in de spil zit en er een ware trap op de grond ligt.

Hulp van de buurman

Tijdens de eerste fase van de verbouwing leven we negen maanden in een caravan. Al onze spullen slaan we op in het kleine kamertje dat zich op de benedenverdieping bevindt. Heel veel bananendozen worden volgepropt met alles wat ons dierbaar is. Dan wordt het kamertje tot de nok toe gevuld met gestapelde dozen. Zware zaken onder, de lichtere bovenop.

Een aantal weken heeft het huis geen dak. Enkel de verdiepingsvloer ligt nog op het huis en deze hebben we afgedekt met een aantal grote zeilen. Ook na het plaatsen van het dak blijven de linker- en rechterzijkant van het huis nog een aantal maanden open. Mijn zwager, die op een avond bij ons langskomt om eens te zien hoe het met ons gaat, redt zelfs nog de boel door de zeilen opnieuw vast te maken in de stromende regen, terwijl wij niet-vermoedend thee zitten te drinken bij mijn neef.

Na al die maanden opgepropt in de kleine caravan is de verbouwing van het huis voldoende gevorderd zodat we een kamer op de nieuwe bovenverdieping kunnen betrekken. Het is niet meer dan twee muren tegen de schuine wand met een deur erin, die een afgescheiden geheel maken, maar we voelen ons de koning te rijk.

Op een mooie zonnige dag besluiten we dat de tijd rijp is om de dozen uit het kleine kamertje te bevrijden en eindelijk weer een paar van onze dierbare spullen een plek te gaan geven. De dozen halen we via het raam naar buiten en zetten ze op het gras aan de achterkant van het huis. Al gauw bemerken we een wat vreemde lucht en zien ook dat bepaalde dozen enige vochtplekken vertonen. Hoe meer dozen we uit het kamertje halen, hoe vochtiger de dozen worden. Het laat zich raden dat ook de inhoud niet bepaald fris en ongeschonden zal zijn.

Verslagen zitten we bij de explosie van dozen. Wat een blijde hereniging met onze bezittingen had moeten zijn, wordt een klein drama. Heel veel dierbaars, waaronder foto's die helemaal onderop lagen omdat ze zo zwaar waren, is geruïneerd.

Dan loopt er een buurman over de dijk waaraan ons huis ligt. Hij vraagt wat er aan de hand is. Met tranen in onze ogen vertellen we wat we net hebben aangetroffen. Hij is heel resoluut. "Als jullie zo klaar zijn, komen jullie naar ons huis, kijk die daar. Dan krijgen jullie een handdoek van mij, gaan jullie lekker douchen en zal ik zorgen dat er een maaltijd voor jullie is." Wat een engel! En wat heerlijk dat hij niet gevraagd heeft of hij iets kon doen, of dat we misschien wel wilden douchen, maar gewoon het heft in handen nam.

Een levensverzekering

Je kunt wel zeggen dat financiën dé uitdaging in mijn leven zijn. We hebben het nooit arm gehad, maar de instroom van geld kent grote pieken en ook hele diepe dalen. Tijdens de piek door het werken bij mijn eerste werkgever met een tweede inkomen daarnaast is een levensverzekering afgesloten. Een mooie manier om later, als we oud en der dagen zat zijn, zoals dat bij ons thuis heet, een aangenaam extra inkomen te hebben. Het is daarbij interessant om in het begin veel in te leggen, zodat er snel veel rendement gemaakt kan worden.

Inmiddels zit ik bijna aan het eind van mijn WW-uitkering. Zoals verwacht ben ik afgekeurd om afgekeurd te worden en ben ik terugverwezen naar het land der werkenden om een baan te gaan zoeken. Maar ik heb geen idee wat ik wil. Als de uitkering stopt, is het volgende station bijstand, wat inhoudt dat het huis verkocht moet worden. Met vermogen geen bijstand.

Mijn inventieve geest bedenkt dat er in de pot van de levensverzekering toch zeker een aardig bedrag moet zitten. Beter nu geleefd dan later, is mijn gedachte. Het blijkt te kloppen, er zit bijna tienduizend gulden in de verzekering. Dat bedrag krijg ik maar schoorvoetend te horen van onze verzekeringsman, die vindt dat zo'n verzekering toch echt voor het leven na je pensioen is. Ik begrijp dat, voor hem is het én een ongebruikelijk idee én het voortzetten van een polis levert hem geld op.

Als ik aangeef dat ik voornemens ben om de polis af te kopen, waarmee ik beschikking krijg over het geld, vertelt hij mij dat ik dan wel heel veel geld ga verliezen. Ik laat me niet met een kluitje in het riet sturen en vraag hem wat heel veel geld is. Na enig aandringen krijg ik te horen dat hij uitgaat van één derde van het bedrag, dus wel 3.333 gulden. "Heel veel geld," zegt hij triomfantelijk.

Ik kijk er anders naar. Natuurlijk is meer dan drieduizend gulden een hoop geld, maar als ik de polis beëindig, ontvangen we een bedrag van 6.666 gulden. Met grote tegenzin vult de adviseur de benodigde papieren in. Het duurt nog een aantal maanden voordat we het bedrag ontvangen. Het nieuwe jaar is net begonnen en we ontvangen het bedrag op tijd om het wegvallen van mijn WW-uitkering op te kunnen vangen.

Bij het invullen van mijn aangifte inkomstenbelasting over dat jaar blijkt dat het betalen van een derde aan belasting enkel geldt als je inkomen hebt gehad. Doordat ik weinig inkomen had over dat betreffende jaar vervalt de inkomstenbelasting en blijkt dat we de volle 10.000 gulden kunnen gebruiken!

Wat is veel?

Vaak spreken mensen in algemene termen: "Dat is heel duur" of "Dat is onmogelijk om voor elkaar te krijgen". Mijn instelling is meer en meer geworden om te vragen of iemand zijn uitspraak kan verduidelijken, aan kan geven hoeveel geld, tijd of inspanning hun bewering vergt. Dan blijkt dat het helemaal niet duidelijk is welke investering nodig is. En wat voor de één heel veel geld of moeite is, is voor een ander een fluitje van een cent.

Tarot

Tussen alle perikelen rondom het huis probeer ik ook nog een baan te vinden, zonder veel succes. Ik ben nog steeds de man zonder opleiding, maar tegelijkertijd wel universitair geschoold. De reacties bij de meeste banen waarop ik solliciteer zijn in twee categorieën in te delen. Aan de ene kant is er de "Die functie is veel te eenvoudig voor u, u gaat zich vervelen en ben binnen de kortste keren weg". En de andere is "Maar daar heeft u helemaal geen kwalificaties voor."

Mijn begrip van tarotkaarten is onderhand zover gegroeid dat ik begin om leggingen voor mensen te doen. Het is heerlijk om te ontdekken dat de kaarten een kanaal in mij openen. Ik zie de afbeeldingen en er komt een woordenstroom opgang. Ik besluit om mijn aandacht te gaan richten op de tarot, zowel in individuele consulten als in workshops over de kaarten. Op 5 januari 1994 schrijf ik mij in bij de KvK als tarotlegger. Opgeteld komen de getallen van deze datum op 2000 uit, iets dat maar zelden voorkomt.

Het klinkt wellicht als een repeterende platenspeler, maar weer word ik op wonderbaarlijke wijze gewezen op het bestaan van een opleiding tot Tarotist. Ik schrijf me direct in en rijd daarna om de twee weken van Hoorn naar Nijmegen. Ik leer er mooie mensen kennen, maar merk ook dat het leren van de betekenis van alle symbolen, kleuren en poses van mensen die op de kaarten staan me afbrengen van het intuïtieve lijntje dat ik naar boven heb.

In de opleiding ontdek ik een heel nieuw idee: bij iedere dag hoort één bepaalde kaart uit de tarot. Deze kaart wordt berekend door de getallen van dag, maand en jaar bij elkaar op te tellen. De kaart zegt iets over de energie van die dag en daarmee ook iets over mensen die op die dag geboren zijn. Het beschrijft een deel van hun karaktertrekken. Ik vind het een leuk gegeven en kijk met de geboortedatum in de hand naar mijn familie, vrienden en kennissen. Er zijn veel trekken die ik herken, maar tegelijkertijd ervaar ik het indelen van iedereen in 22 categorieën als erg generaliserend.

Naarmate ik mij verder verdiep in numerologie, wat de basis is van deze gedachtegang, valt me iets op. Het gaat over het combineren van twee kaarten. Het is lastig uit te leggen, daarom begin ik met een voorbeeld. De tarot kent de kaart drie, de Keizerin, en vier, de Keizer. Drie plus vier is zeven. De kaart die daarbij hoort is de Zegenwagen. Deze kaart gaat over de wereld intrekken en zaken neerzetten. Daarbij, zo vertelt de kaart, is het belangrijk om de mannelijke en vrouwelijke intentie in balans te brengen: niet enkel actie en daadkracht, maar ook het leggen van een goede basis, rust en reflectie. De eerste twee eigenschappen behoren bij de Keizer, de andere drie bij de Keizerin. Kortom, als je twee kaarten combineert, keizer en keizerin, is de beschrijving van de kaart die je dan krijgt, de zegewagen, het gecombineerde verhaal van de twee eerdere kaarten. Dit combineren gaat op voor iedere twee kaarten.

Het idee van combineren van kaarten pas ik toe op het gegeven dat iedereen ook geboren is onder een bepaald sterrenbeeld. Er is een tarotkaart die overeenkomt met ieder astrologisch teken. Nu heb ik drie kaarten die iemand beschrijven, de kaart waaronder hij geboren is, de kaart die overeenkomt met zijn sterrenbeeld en de combinatie hiervan. Ik zie steeds meer combinaties en kom uiteindelijk op een systeem van negen kaarten, waarmee ik een pakkende beschrijving van iemand kan geven. Ook bedenk ik dat ieder jaar op de verjaardag van iemand de energie anders is en ontwikkel vanuit daar een jaarhoroscoop.

Ook al begrijp je er niets van, handel

Vlak voor de zomer sta ik voor de zijdeur van ons huis en kijk uit over het stukje land dat achter onze tuin ligt. In de verte staat een vervallen huisje. Ook zie ik de weg van de dijk, die zich in de verte samenvoegt met de weg die uit het dorp komt. Ineens landt de gedachte in mijn hoofd: 'Je moet stoppen met de opleiding.'
In verbazing staar ik in de verte en probeer mijn gedachte te ontkrachten. Goed, de opleiding is wat minder los dan ik gedacht had en ik kan wel wat andere redenen verzinnen waarom ik niet door zal gaan met de opleiding. Maar heel eerlijk zie ik niet in waarom ik niet gewoon het tweede jaar afmaak, waarna ik mezelf Tarotist mag noemen.
De stem in mijn hoofd en het gevoel dat daarbij hoort blijven, ondanks al mijn tegenwerpingen, 'Stop met de opleiding'. Hoewel ik niet begrijp waarom, bel ik de opleiding op en vertel dat ik besloten heb om de opleiding niet verder af te maken.
Een paar maanden later komt de aankondiging dat ons eerste kindje op komst is. We hebben iedere minuut nodig om het huis zover af te krijgen zodat er een nieuwkomer in kan arriveren en wonen.

Een auto in de voorpui

Op een zekere dag in maart besluit het weer dat het nog een keer heel koud zal worden en bedacht heeft de wereld in de ochtend van een klein laagje wit te voorzien. Meestal een blijde verrassing. Dit keer echter geeft dit besluit aanleiding tot een wat minder fijne ervaring.

Omdat ik bezig ben met het opbouwen van mijn tarotpraktijk ben ik veel thuis. Het huis heeft een zekere staat van af die erg prettig is. De badkamer boven is af, de keuken begint vorm te krijgen en ook zijn alle muren voorzien van leemstuc. Een heerlijk materiaal dat vochtregulerend werkt en ook zorgt voor een hele fijne energie in het huis.

Wat nog niet goed functioneert is de verwarming. Er is boven in de nok een ketel geplaatst en de eerste leidingen zijn aangelegd, maar pas in de zomer, als de cv uit kan, gaan we verder met het plaatsen van alle radiatoren. Resultaat hiervan is dat het huis maar langzaam opwarmt. Daarom zit ik vaak tegen de radiator, die voor twee van de drie voorramen op twee bakstenen staat.

Op de bewuste dag vind ik mijn draai niet op de harde betonnen vloer waar nog hout overheen gelegd gaat worden. Daarom besluit ik om naar boven te gaan en nog even op bed te gaan liggen. Nog geen vijf minuten later hoor ik een harde knal.

Mijn eerste gedachte is dat de radiator waar ik tegenaan was gaan zitten, omgevallen is. Ik spoed mij naar beneden om de schade op te nemen en te zorgen dat er geen liters water uit het systeem spuiten. Wat ik aantref, overtreft mijn stoutste dromen.

Twee ramen steken een centimeter of vijftig naar binnen en achter het glas is de motorkap van een zwarte auto te zien. Buitengekomen zie ik hoe de auto klaarblijkelijk van de dijk is gekomen en in een slip is geraakt. Hij is door de struiken die de woning van de weg scheiden op balken, die voor het huis lagen, doorgegleden en heeft zich zo in de pui geboord.

Als in een droom aanschouw ik wat er vervolgens plaatsvindt. De buurman, die boer is, komt aanlopen en overlegt even met de persoon die naast de auto staat. Het is duidelijk dat ze elkaar kennen, wat wil je anders in een dorp. Hij loopt weg en komt even later aanrijden met zijn tractor. Een ketting wordt om de trekhaak van de auto geworpen, de tractor omgedraaid en zo wordt in no-time de auto van de balken getrokken. Na een handwuif naar de buurman verdwijnt de dikke BMW uit het zicht. De weg is nog steeds wit en de man rijdt met hoge snelheid weg. Ik spoed mij naar de aannemer om stempels te halen om de verdiepingsvloer te stutten en pak een zeil uit de schuur om te zorgen dat het binnen niet nat wordt bij regenval.

Hiermee is het kafkaiaans avontuur nog niet teneinde. Er verschijnt iemand van de verzekering, neemt de schade op en legt uit dat er in wezen maar heel weinig stuk is. De kozijnen zijn dan wel wat ontzet, maar dat moet te maken zijn. En als dat niet kan, dan kan toch zeker de dubbele beglazing worden hergebruikt. Dan moet er om die glazen maar nieuwe kozijnen gemaakt. Ook beweert hij dat er best wel wat andere stenen in de voorpui gebruikt kunnen worden, zodat niet de hele voorzijde vernieuwd hoeft te worden.

De aannemer maakt gehakt van zijn hele verhaal. Als de voorkant is geraakt, is het zaak om de hele voorkant te verwijderen en met nieuw materiaal te zorgen dat de constructie weer goed draagt. De taxateur is voor geen enkele rede vatbaar. Hij houdt voet bij stuk. Ons argument dat bij een schroeiplek in een kleed toch ook het hele kleed wordt vervangen, vind bij hem geen gehoor. De kosten die gemaakt zijn voor het stutten komen ook niet voor vergoeding in aanmerking, omdat ik geen bonnetje heb voor het zeil en andere materialen en het feit dat de bovenverdieping nooit gevaar heeft gelopen.

Het geharrewar gaat twee maanden door. De taxateur blijft bij zijn standpunt en ik sta op het punt om het op te geven. Maar weer is er iets dat maakt dat we doorzetten en vinden we de ombudsman verzekeringen. Hij bekijkt de zaak en komt met een vernietigend oordeel. Resultaat is dat we een paar weken later met een mokkende taxateur aan tafel zitten. Hem is verteld dat de aannemer een offerte kan maken en dat, als wij akkoord gaan, hij zijn handtekening daaronder moet zetten. Het is een merkwaardige vertoning.

Het einde van het liedje is dat wij samen met de aannemer de voorpui herstellen en een mooi bedrag aan arbeidsloon niet hoeven te betalen. Weer komt er geld naar ons toe.

Zaaien en oogsten

Soms komt het leven met dingen op de proppen waarvan je niet begrijpt waar ze vandaan komen. Met alles wat ik heb meegemaakt, kan ik niet anders dan weten dat iedereen meerdere keren op deze aarde is geweest. Ook ben ik overtuigd dat zoals je zaait je zult oogsten. En dus kan het zo maar zijn dat er dingen op je pad komen die het gevolg zijn van gebeurtenissen die in een ander leven hebben plaatsgevonden. Dat maakt dat je kunt graven en graven maar nog steeds geen flauw idee kunt hebben waar iets vandaan komt.

Voor mij werkt het beter om te accepteren dát iets op je pad komt omdat het hoort bij je zaaien. Anders gezegd, wat er ook gebeurt in je leven heeft zijn oorsprong in iets dat jij hebt gedaan. Veel mensen zien dit als bestraffing of veroordeling. Ik zie dat zo niet. De wet van zaaien en oogsten werkt namelijk ook de andere kant op. Als je steunt, word je gesteund, als je geeft, zul je ontvangen.
Daarnaast geloof ik dat je uit alles wat er gebeurt in je leven iets kunt leren. De vraag is dan ook niet 'Waarom gebeurt mij dit?' maar 'Wat kan ik hieruit leren?'

'Een Cursus In Wonderen'

Al een aantal jaren ben ik op zoek naar 'hoe werkt het leven dan wel'. Een tijdlang volg ik de teksten en werkwijze van Padwerk. Tot mijn ontzetting lees ik ergens in het derde boek dat homofilie een ziekte is die genezen kan worden. Voor mij is dit een brug te ver en ik leg het boek resoluut terzijde. Dit is geen vreemde actie voor mij. Ik ben heel erg een 'een-ding' man. Mijn aandacht wordt getrokken door iets en dan ga ik er helemaal voor. Zo ben ik een aantal jaren alleen maar bezig geweest met breien. Ik leerde ieder patroon breien, kon met verschillende kleuren hele afbeeldingen in truien maken. En van de ene op de andere dag liet ik het weer los. Ik had alles onderzocht.

Tegelijkertijd voel ik me losgeslagen, ik ben nog heel erg zoekende. Dan komt iemand aan met een klein boekje met als titel 'Luisteren naar je innerlijke stem' van Lee Coit. In het boekje vertelt de auteur dat hoewel hij een zeer succesvol reclamebedenker is, hij niet erg tevreden is met zijn leven. Hij besluit om een half jaar te gaan trekken door een land waar hij de taal niet spreekt, in zijn geval Frankrijk. Zijn wens is om te leren luisteren naar zijn innerlijke stem.

Het boekje verhaalt mooi over hoe hij eerst uit angst handelt en op een camping terechtkomt waar hij als een soort alien wordt behandeld en zich heel alleen voelt. De volgende dag blijft hij van camping naar camping trekken omdat hij nog steeds het gevoel blijft houden dat hij niet de juiste plek gevonden heeft. Het begint al donker te worden. Als hij uiteindelijk een camping kiest, wordt hij hartelijk ontvangen, doen de mensen hun uiterste best om hem te begrijpen en krijgt hij een heerlijke maaltijd voorgeschoteld.

Achter in het boekje staat dat de auteur geïnspireerd is door het lezen van één bepaald boek: 'A Course In Miracles'. Als ik thuis over het boekje vertel, krijg ik bijna direct een tijdschrift in handen gedrukt, waarin een interview staat met een van de vertalers van het boek. Ik bel deze persoon op om te vragen om informatie. Ik krijg zijn vrouw aan de lijn, die zegt dat ze mijn vraag zal doorspelen.

Een paar dagen later valt er een pakketje door de brievenbus met daarin een boek. Het is het boek 'A Course In Miracles', samen met informatie over bijeenkomsten en een aflevering van de nieuwsbrief. Ook zit er een rekening van bijna zeventig gulden bij.

Weer bel ik op en krijg nu de vertaler zelf aan de lijn. "Ik dacht: jij hebt dat boek nodig. Kijk maar wanneer je in staat bent om het boek te betalen, dat komt wel goed," krijg ik te horen.

Het boek wordt op deze wonderbaarlijke wijze op mijn pad gezet, vlak voor een vierweekse vakantie. Ik blader door het boek en zie dat er 31 hoofdstukken in zitten. Met vier weken en een extra weekend aan het begin kom ik aan 30 dagen. Als ik de dag voor ons vertrek begin, kan ik het hele boek uitlezen tijdens mijn vakantie, zo is mijn gedachte. De vakantie zal bestaan uit heel veel strand en lezen omdat we net hebben gehoord dat 'we' voor de tweede keer zwanger zijn. Het lezen van het boek valt enorm tegen. Het Engels is heel moeilijk en zelfs als ik de taal wel helemaal zou begrijpen zijn er zinnen die na elkaar komen, maar geen verband met elkaar lijken te hebben.

Toch lees ik stug door. Doordat ik dit doe, krijg ik als het ware meer een gevoel van het boek, dan dat ik alles in detail begrijp. Het is net als luisteren naar de radio, terwijl je iets anders aan het doen bent. Je luistert naar de mooie muziek en ineens hoor je een flard van de tekst in een liedje, bijvoorbeeld "She is so beautiful to me". Het op deze manier lezen van de teksten maakt dat ik een diepe innerlijke verbinding met het boek krijg.

Het mooie van het boek is dat er een goed georganiseerde vereniging omheen zit. Het betekent dat er iedere maand een bijeenkomst wordt georganiseerd waar lezers van het boek bij elkaar komen en dat er overal in het land leesgroepjes zijn. Eindelijk vind ik een groep waar ik me bij aan kan sluiten.

Ik hoef niets te doen

Een van de mooiste passages uit het boek gaat over dat je niets hoeft te doen. Dit is de manier waarop het in het Nederlands vertaald is. Dit suggereert dat je op de bank kunt gaan zitten en afwachten totdat alles naar je toe komt. Het is een discussie die vaak terugkeert bij bijeenkomsten. Mijn gevoel is dat er ook handelen nodig is om tot een resultaat te komen.

Voor mij ligt het antwoord in de Engelse tekst. Daar staat namelijk 'I need do nothing'. Met 'Need do' wordt iets aangeduid als 'het is nodig om' of 'het is essentieel dat'. De zin geeft daarmee aan dat het nodig is om niets te kunnen doen, om opzij te kunnen stappen en het Goddelijke te laten ontvouwen wat nodig is voor jouw welzijn. Dat betekent mijns inziens niet dat je niets hoeft te doen. Actie is nodig, maar alleen als de tijd daarvoor rijp is, niet eerder.

Boekhouder

Het avontuur met de tarot neemt een nieuwe wending met het op de mat vallen van een blauwe envelop: de aangifte over het voorafgaande jaar. Het is nog een papierenversie en ik worstel me door de toelichting heen. Tot nu toe ben ik altijd in loondienst geweest en was het gemakkelijk, dit is mijn loon, dat heb ik uitgegeven aan hypotheek, dus krijg ik zoveel terug.
Nu blijkt dat, omdat ik als ondernemer werkzaam ben, ik van alles moet aanleveren: een boekhouding, een winst- en verliesrekening en nog wat van die zaken. Ik heb me hierin nooit verdiept. Ik dacht eenvoudig ik verdien wat en daar zal ik dan wel belasting over moeten betalen.
Ik kom niet uit wat er allemaal van mij gevraagd wordt. Daarom bel ik met de belastingdienst en vraag of ik geholpen kan worden. Dat blijkt mogelijk en een paar weken later zit ik met iemand aan tafel met mijn aantekeningen over wat ik heb gedaan en wat ik heb verdiend.
Samen rekenen we uit wat het totaal van de verdiensten is. Het is een verbazingwekkend groot bedrag. Niet genoeg om goed van te kunnen leven, maar wel hoog genoeg om een flink deel aan de belastingdienst te moeten afdragen. Iets waar ik natuurlijk geen rekening mee gehouden heb. De man van de belasting kijkt me aan en zegt met een glimlach: "Maar ik denk wel dat je meer dan drie dagen per week aan dit geheel hebt besteed. Daarmee kom je in aanmerking voor een speciale aftrekpost en komt de aanslag te vervallen."

Als ik dit verhaal aan mijn oude schoolvriend vertel, kijkt hij me aan alsof hij water ziet branden. Hij is accountant en vraagt of ik me dan helemaal niet verdiept heb in wat het betekent om een onderneming te hebben. Wat de fiscale gevolgen daarvan zijn. Hij geeft me een boek mee en raadt me aan een aantal andere boeken te gaan lezen, om beter beslagen ten ijs te komen.

Ik lees de boeken die mij zijn aangeraden. Al gauw dringt het tot me door dat alle voorbeelden in deze boeken gaan over grote bedrijven. Als men één miljoen wil investeren, bij een personeelsbestand van meer dan tien werknemers en zo gaat het door. Terwijl ik zoek naar antwoorden op de vraag 'Hoe werkt het als je zelf zowel werknemer als werkgever bent?'

Om deze vraag toch te kunnen beantwoorden, begin ik met op te schrijven hoe de regelgeving uitpakt als je een klein bedrijf hebt. Ik bel de man van de belastingdienst op en vraag ook hem om advies.

De zoektocht levert een indrukwekkende hoeveelheid aantekeningen op. Als ik ze aan mijn vriend laat zien, moedigt hij me aan om ze uit te werken. Het is informatie waar weleens meer mensen nut van kunnen hebben.

Het is een boeiend project. Ik zit dagen achter de computer om mijn inzichten te beschrijven. Als ik vertel waar ik mee bezig ben in een van de tarotcursussen die ik geef, vraagt iemand mij "Gaat dat ook over boekhouden?" Als ik bevestigend antwoord, vervolgt ze met het verhaal dat ze thuis een complete cursus boekhouding heeft liggen, waar ze niets mee doet. "Mijn vriend heeft geld als water. Hij vroeg me laatst wat ik wilde gaan doen en ik bedacht dat boekhouden wel leuk klonk. Ik heb de hele schriftelijke cursus in één keer besteld. Maar ik sloeg de eerste bladzijde open en zag dat het niet voor me was. Wil jij hem?"

Het is precies wat ik nodig heb. Door het bestuderen van de stof en het maken van de oefeningen begrijp ik veel beter hoe een boekhouding opgezet wordt en kan ik ook dit aspect bekijken vanuit het perspectief van de kleine praktijkhouder. Het eindresultaat mag er zijn, tachtig A4 vellen over alle ins- en outs van het voeren van een eigen praktijk. Het lijkt me een goed idee om wat ik allemaal heb uitgezocht, aan te bieden aan opleidingsinstituten. Ik kies voor degene die zich richten op alternatieve behandelmethoden omdat mijn interesse daarnaar uitgaat. Ik verzamel adressen uit allerlei opleidingsgidsen, ja internet staat nog steeds in de kinderschoenen, en stuur meer dan honderd brieven op.

Er reageren precies twee instituten, veel minder dan waar ik op gehoopt heb. Eén wil dat ik over een paar weken een workshop van een middag verzorg. Iemand anders wil graag zien wat ik gemaakt heb. Met een map met mijn hele verhaal erin rijd ik naar Amsterdam alwaar deze persoon bladzijde voor bladzijde bekijkt. Ik zit daar voor mijn gevoel een eeuwigheid te wachten. Dan spreekt hij kort. Hij is zelf accountant, geeft een opleiding en is onder de indruk van mijn boekwerk. Hij zal het ieder jaar gaan gebruiken in zijn opleiding.

Kun je me helpen

Na dit gesprek en de eerste workshop die ik geef, voel ik me zekerder in hetgeen ik aan te bieden heb. Ik begin de cursus op meerdere manieren aan te bieden, ontmoet mensen die een eigen praktijk hebben en een boekhouder zoeken, zomaar op straat en bij de opleidingen waar ik de workshop geeft. In een aantal jaren bouw ik een succesvolle boekhoudpraktijk op. De naam die ik ervoor bedenk is 'Pentakels Aas'. Het is zowel een reminder aan waarmee alles is begonnen, als een indicatie van het alternatieve waarop ik me richt. Daarnaast is de betekenis van de kaart Pentakels aas de helpende hand op het materiële vlak.

Iets waardevols wat ik leer in die tijd is dat het vragen van hulp voor de meerderheid van mensen echt bijna onmogelijk is. De opzet die ik kies bij mijn begeleiding is dat de praktijkhouder veel zelf doet. Het invoeren van bonnetjes en die netjes opbergen is iets dat de meesten wel kunnen. Ook controleren of iemand zijn factuur betaalt, is goed te doen. Hierdoor kan ik me richten op wat er overblijft, controleren of alles goed is ingevoerd, de cijfers inhoudelijk beoordelen en in goede inschatting maken van hoeveel belasting er verschuldigd is. Want het laatste is het punt waar het bij de meeste kleine praktijken nogal eens misgaat.

In het intakegesprek en ook in de handleiding die ik schrijf, benadruk ik het belang om direct aan de bel te trekken als er iets is dat je niet begrijpt. Op een goed moment zet ik het zelfs als voettekst onder iedere bladzijde: 'als je twijfelt, vraag het, daar ben ik voor'.

Het is verbijsterend hoe vaak ik resultaten aangeleverd krijg waar ik niets mee kan. Bedragen zijn op vreemde plaatsen

neergezet en de gegevens van de bank zijn niet kloppend. Als ik dan vraag waarom men niet gebeld heeft, wordt er heel vaak gezegd "Ik dacht ik probeer het zelf wel."
Hulp vragen ervaart men vaak als heel moeilijk. Ik weet er alles van, zelf ben ik erdoor in de ziektewet geraakt. Het lijkt alsof je toegeeft dat je zwak bent omdat je iets niet weet. Ik zie het nu zo: er zijn in deze wereld mensen die meer weten dan ik over een heleboel onderwerpen. Als ik de mogelijkheid heb om hun hulp in te schakelen, doe ik het vooral. Het maakt niet alleen jouw leven gemakkelijker, bijna iedereen vindt het heerlijk om iemand bij te staan.

Verkoop Schellinkhout

Terwijl dit zich allemaal voltrekt, wonen we met z'n drieën in ons inmiddels huis aan het IJsselmeer. Onze dreumes loopt graag zelf rond. In een lintdorp waar geen stoep is, is er maar weinig ruimte om dat te doen. Daarnaast is de dijk waaraan wij wonen een geliefde route voor motorclubs om te toeren in het weekend. Omdat we aan het eind van de weg wonen die naar de dijk leidt, komen de motoren vaak twee keer langs, eerst over de dijk, afslaan en dan terugslingerend door het dorp of net andersom. Het idyllische is er een beetje af. Op een dag zeggen we bijna tegelijkertijd tegen elkaar "Misschien is dit niet meer de beste plek om te wonen."

Nu dat de waarheid is uitgesproken, is het tijd om te gaan kijken naar wat de volgende stap kan zijn. Het huis is nog niet af, er is beneden nog een kamer waar niets aan gebeurd is en boven moet eigenlijk alles nog worden afgewerkt. Het besluit om weg te gaan ligt wel echt vast en we nemen contact op met een makelaar.

Voor het eerst valt de term 'makelaarsverfje'. De term duidt aan dat je zorgt dat een huis dat je wilt verkopen er optisch aangenaam uitziet. Plafonds en muren voorzien van een laagje verf, op de vloer een couponnetje. Zelfs de kamer die niet af is gewoon inrichten alsof hij bruikbaar is. En dan worden er foto's gemaakt en gaat het bord in de tuin.

Wat er dan gebeurt overtreft al onze stoutste dromen. Het lijkt wel of er een gouden ei bij ons in de tuin staat, zoveel auto's remmen om langzaam langs ons huis te rijden. Er belt zelfs iemand aan die 'Het huis NU wil kopen!'. Wat ben ik blij dat ik een makelaar in de hand heb genomen. Dat geldt niet voor de meneer aan de deur, die de opmerking "U kunt contact opnemen met de makelaar" maar onzin vindt. Hij wil het van mij kopen en is bereid om alles te betalen wat ik wil hebben.

De makelaar heeft vaker met dit bijltje gehakt. Het is een gewilde plek en daarom zijn er veel kandidaten die het graag willen hebben. Hij weet ook dat in de gekte mensen bedragen bieden die ze vervolgens niet kunnen betalen. Als je met zo iemand mee gaat, is de kans groot dat je andere kopers, die wel kapitaalkrachtig zijn maar minder bieden, verliest omdat ze zich onbeschoft behandeld voelen.

De makelaar gaat in gesprek met een aantal van de bieders. Een daarvan is de zelfverzekerde man die aan de deur is geweest. Ook is er een schipper die verliefd is geworden op het huis omdat er een zelfgebouwde houten keuken in zit alsook een badkamer die helemaal met hout is betimmerd. 'Het doet me denken aan de schepen waar ik op vaar, zeker met het uitzicht op het meer vanuit de slaapkamer,' horen we via de makelaar.

Ondertussen hebben we een ander huis op het oog. Het is een merkwaardig verhaal. Iemand heeft een nieuwbouwhuis gekocht en kan pas over een klein jaar de woning opleveren. Hij zoekt veiligheid en wil het huis nu al verkopen. Het is een aantrekkelijke mogelijkheid. Het betreft een hoekwoning met garage, waarin ik een praktijkruimte kan bouwen. Doordat de datum van overdracht heel ver in de toekomst ligt, is er veel ruimte om te onderhandelen over de prijs. Bovendien maakt de grote belangstelling het mogelijk om een zodanige prijs voor ons huis aan de dijk te vragen waardoor we de nieuwe woning kunnen betalen.

Samen met de makelaar bepalen we wat we nodig hebben en vragen alle bieders om deze prijs te overwegen. Er blijven twee partijen over: de schipper en de blaaskaak. We gunnen de woning aan de schipper, die er nog heel veel jaren met ongelofelijk veel plezier in zal wonen.

Ga voor het onmogelijke

Ondertussen hebben we wel een probleem. Ons huis is verkocht, het nieuwe huis wordt nog lang niet opgeleverd. Mij lijkt de eenvoudige oplossing om naar de woningbouwvereniging te gaan en daar te informeren naar beschikbare woningen.

Beschikbare woningen zijn er wel. Wat de persoon achter de balie vooral interesseert, is het inkomen dat wij hebben. Daar zit een klein probleem, want vaste inkomsten zijn er niet. De reactie van de baliemedewerker is "Dat het dan niet doorgaat." Ik pareer met de vraag of het niet mogelijk is om de huur een jaar vooruit te betalen. Hij kijkt me ongelovig aan.

Ik blijf stug volhouden en stel dat inkomen toch bedoeld is om zekerheid te hebben over of de huur wel betaald gaat worden. Dus als ik nu de huur voor de hele periode betaal, is er toch geen probleem? Uiteindelijk verdwijnt hij met een "Dit moet ik echt overleggen" naar achteren en komt later terug met dat dit zeer ongewoon is, maar als ik drie maanden huur vooruitbetaal en vervolgens de huur iedere maand netjes betaal er geen reden is om ons niet in te schrijven. "Maar u krijgt geen rente over die betaling, hoor." Een paar weken later krijgen we een woning aangeboden die nog geen vijfhonderd meter verwijderd ligt van waar we uiteindelijk zullen gaan wonen.

Een auto voor ons

Auto's vormen een apart hoofdstuk in mijn leven. Mijn vader ontdekte dat het rijden op lpg in Nederland heel voordelig is. De meeste mensen denken dat als je op lpg rijdt er dubbele wegenbelasting betaald moet worden. Dat is niet zo, als je maar een bepaald type installatie laat inbouwen.

De eerste auto die ik koop, sla ik snel over. Deze auto valt van ellende uit elkaar, ik durf de verkoper daar niet op aan te spreken en hij gaat linea recta naar de sloop. Zevenhonderd gulden gaat in rook op.

De eerste echte auto staat in de hoek bij de garage waar mijn ouders hun auto in het onderhoud hebben. Het is klein blauw autootje, van het merk Citroën, een merk waar ik altijd al een zwak voor heb. Ze bouwen auto's met een eigenzinnig karakter en passen innovaties toe die niemand anders bedenkt. Klinkt vertrouwd zo langzamerhand, niet?

Als ik vraag wat de auto moet kosten, kijk de garagehouder mij met verbazing aan. Als ik hem voor een paar honderd gulden wil meenemen, is dat prima wat hem betreft. Hij heeft hem net ingeruild en weet niet zo goed wat hij ermee aan moet.

En zo rijden we de ene oude auto na de andere auto op. Ieder jaar bij de jaarlijkse keuring is het erop of eronder. Zijn er hoge kosten aan reparatie om hem door de keuring te krijgen of is de verwachting dat die binnenkort komen, dan is het einde verhaal en gaan we opzoek naar een nieuw tweedehandsje.

Met het groeien van het gezin, we zijn ondertussen met z'n vieren, worden de kleine bolletjes waar we tot nu toe mee rondrijden wat aan de kleine kant. Daarom zoek ik een ander type Citroën uit, één met hydraulische vering. Al sinds dat ik deze techniek voor het eerst heb gezien, droom ik ervan zo'n auto te bezitten. Na het starten van de motor verheft de auto zich langzaam omhoog doordat de vering op druk wordt gebracht. Het is een gewild type en de prijzen zijn er ook naar.

Na lang zoeken, vind ik er plotseling een voor een bedrag dat binnen ons budget valt. Niet dat er niet meer geld is, we hebben net ons huis verkocht en hebben in principe wel wat spaargeld. Om er zeker van te zijn dat we nog heel wat maanden kunnen teren op dat geld, besluit ik om voor deze buitenkans te gaan.

Ik ga kijken, maak een proefrit en ga akkoord met de prijs. Natuurlijk beding ik dat de auto netjes gekeurd is voordat ik hem afneem. "Geen probleem," antwoorden de twee wat sjofel uitziende mannen. Volgende week is hij klaar.

De week erop kom ik om de auto op te halen. Hij is echter nog niet klaar. Als ik vraag waarom, kijken Jut en Jul elkaar aan en de ene zegt "Dat onderdeel, dat moest toch uit Frankrijk komen en dat is er nog niet." De ander knikt. Na een paar weken krijg ik de sleutels van de nieuwe aanwinst, samen met de autopapieren en een bewijs dat de auto netjes is gekeurd.

Zes maanden later breng ik de auto naar de garage waar ik altijd naar toega. Ik voel me een beetje schuldig omdat ik niet naar hem ben gegaan voor een andere auto, maar zet me daaroverheen. Gedane zaken nemen geen keer en daarom heeft het geen zin om me schuldig te voelen.

De garagehouder is gewoon vriendelijk tegen mij. Ik kaart de aankoop even aan, maar hij antwoordt dat hij blij is met het onderhouden van de auto. Ik haal mijn fiets uit de auto en rijd, toch iets lichter, naar huis.

Niet veel later wordt er gebeld. Het is de garagehouder. Hij zegt me dat de auto waar ik in rijd een gevaar op de weg is. De balken die de motor dragen zijn met aluminiumfolie volgepropt en daarna voorzien van een laagje tectyl. Eén keer heel hard remmen en je kunt zo de hele motor in je gezicht krijgen. Hoe het mogelijk is dat deze auto door de keuring is gekomen, is hem een raadsel. Hij kan daar echter niets meer aan doen, omdat ik pas na zes maanden naar hem ben gekomen. "U krijgt de auto niet meer van mij terug, het is een rijdende dodenwagen." Met deze woorden legt hij de hoorn neer.

De sfeer in huis bereikt een absoluut dieptepunt. Ik ben al een week ziek omdat ik een keelontsteking heb die maar niet wil overgaan. Het liefst wil ik dat mijn lichaam de ziekte zelf bestrijdt, door de Goddelijke genezende kracht, waar ik in geloof, zijn werk te laten doen. Ook weet ik hoe heftig mijn lichaam reageert op antibiotica. Daarnaast zijn we net verhuisd en hebben een pasgeborene en een kind van twee thuis, wat zorgt voor veel stress en heel weinig slaap. En de auto heb ik nodig om naar de locaties te rijden waar ik mijn trainingen geef.

De volgende dag belt de garagehouder weer op. Hij heeft net een tweedehandsauto binnengekregen. Het is een tweelingversie van onze auto. Zelfde type, zelfde kleur, ook op lpg. Het enige minpuntje is dat de auto wel 7.000 gulden moet kosten. Resoluut zeg ik hem dat ik dat geld er niet is.

Een paar dagen later, ik heb inmiddels antibiotica genomen en onze zoon is een paar dagen logeren bij vrienden, belt de garagehouder weer op. Hij heeft het gevoel dat de auto echt voor mij is. Ik probeer hem uit te leggen dat het geld dat nodig zou zijn voor een nieuwe auto op een spaarrekening staat om van te kunnen leven.

In het gesprek informeer ik wel naar de staat van de auto. Door alle aankopen weet ik aardig wat ik zoal kan vragen: accu, remmen, grote beurt, lpg-installatie, keuring. Ik ga het hele lijstje af en krijg op alles een "Volledig nagekeken en in orde.". Alleen de banden, die moeten wel vervangen worden voordat hij gekeurd kan worden. Ik bedank hem voor zijn tijd, maar eindig het gesprek met "Ik eet liever brood dan autobanden."

Weer een paar dagen later. De garagehouder aan de lijn. Of ik nog nagedacht heb over de auto. Eigenlijk niet, moet ik eerlijk toegeven. Niet dat de situatie niet door mijn hoofd gegaan is, maar ik leef in de vaste overtuiging dat het aanschaffen van zo'n dure auto geen goede stap is. Alle auto's die wij hiervoor hebben aangeschaft, kostten minder dan de helft van het bedrag dat nu wordt gevraagd. "En als ik er nou eens vier nieuwe banden bij doe?" Het is me duidelijk dat IETS probeert aan te geven dat deze auto voor ons bedoeld is. We kopen de auto en hebben er nog heel veel jaren plezier van. De garagehouder had gelijk: deze auto was voor ons bestemd.

<u>Driemaal is ......</u>

Een veelgehoorde uitspraak is 'bij twijfel niet inhalen'. Een goed uitgangspunt want als je geen direct JA voelt bij iets, kun je beter niet handelen. Tegelijkertijd geloof ik dat het universum veel beter weet wat goed voor je is dan jijzelf. HET handelt niet zoals wij mensen, die al gauw geneigd zijn om te reageren met "Nou, als je het niet wilt, dan niet." Het universum blijft de suggestie liefdevol aan je aanbieden. Mijn ervaring is daarbij dat bij iedere volgende aanbieding het volume iets wordt opgeschroefd.

Als ik twijfel, maar dingen komen opnieuw en opnieuw op mijn pad, dan weet ik dat wat me aangeboden wordt voor mij is. Driemaal is genoeg, zoals we zeggen: scheepsrecht.

Lesgeven in Arnhem

Op het moment dat ik het al lang niet meer verwacht neemt een opleidingsinstituut uit Arnhem contact met mij op naar aanleiding van de mailing met de vraag of ik een workshop van een dag kan verzorgen. Natuurlijk kan ik dat.
Hoewel ik de eerste keer veel te laat binnenkom, is de eigenaresse van de opleiding zeer tevreden. Alle leerlingen hebben het gevoel dat ze goed beslagen ten ijs kunnen komen als ze een eigen praktijk willen gaan opzetten. Voor mij is het ook een vruchtbare dag, drie leerlingen willen dat ik hun administratie ga doen.
Deze eerste keer blijkt bedoeld als proeve van mijn kunnen. Het instituut geeft namelijk nog meer trainingen en ik word ingeschakeld om iedere groep in te wijden in de wondere wereld van het ondernemerschap.
Vele malen maak ik de reis van Hoorn naar Arnhem en geniet van de tocht door de bossen. Als het even kan qua tijd rijd ik namelijk om over de dijk Enkhuizen-Lelystad en vandaar door naar Harderwijk en de Veluwe. Wat houd ik toch van de bossen.

Luister naar de boodschap, niet de woorden

Arnhem is een mooie stad, maar de verkeersituatie is heel bijzonder, je kunt maar in één richting om het centrum heen. Eén afslag missen betekent dat je weer om de hele stad heen moet rijden. Het gevolg hiervan is, dat ik de eerste keer veel te laat aankom op het parkeerterrein vlak bij de locatie. Snel kijk ik rond en zie tot mijn opluchting dat er niet betaald hoeft te worden op zondag. Langs de straten zie ik enkel een klein plekje waar ik met veel moeite mijn auto in zal krijgen.

Dan valt mijn oog op een groot stuk waar een overvloed aan parkeerplaatsen is. Daar zet ik mijn auto neer, zet de dozen met readers die ik altijd meesleep op een karretje en begeef me met gezwinde spoed naar mijn eerste kennismaking. Niet een echt goede start.

Iemand roept naar mij met zeer luide stem: "Hé oen, weet je niet dat je daar helemaal niet mag parkeren." In dit soort situaties ben ik op mijn slechtst. Ik ga over in een soort paniekerige ren modus en wil maar één ding en dat is al op de locatie zijn. Bovendien word ik hier voor oen uitgemaakt en vertelt deze persoon dat ik daar niet mag parkeren, Wat weet hij nou!

Iets in mij houdt me tegen. "Waarom gaat iemand naar mij schreeuwen, dat doe je toch niet voor de lol?" komt er in me op. Ik stop de gehaaste pas die ik ingezet heb en kijk nog even rond. Een groot bord staart me aan, hangend aan het hek dat rond de vele vrije parkeerplaatsen staat: hier enkel parkeren voor vergunninghouders. Had ik mijn auto laten staan, was ik vast en zeker getrakteerd op een parkeerbon.

Dagaz: spiritueel centrum

Aan het eind van een van de workshops vertelt de eigenares me dat ze niet weet of er volgend jaar nog trainingen zullen zijn. Ze legt uit dat de plek waar we nu werken verkocht is aan Lundia, die een winkel heeft onder de ruimte en behoefte heeft aan opslagruimte. Tot nu toe heeft het zoeken naar een andere ruimte geen enkel bevredigend resultaat opgeleverd. Ze heeft ook overwogen om iets te kopen, maar weet niet waar te beginnen en ook tegen de verbouwing die vast nodig zal zijn, ziet ze erg op.

Gekscherend opper ik: "We kunnen best samen iets opzetten. Ik weet veel van hypotheken, financiën en ook verbouwen ligt me wel." Na een aanvankelijk afhouden van de boot, wordt het idee steeds serieuzer genomen.

Na enige zoeken vinden we een pand, dichtbij het centrum, goed bereikbaar met openbaar vervoer, voldoende parkeerplaats. Het pand zelf is groot, heeft een souterrain met toilet waar heel goed een lunchruimte in gemaakt kan worden. Niet alleen dit pand is te koop, ook de bovenwoning kan worden afgenomen.

Het pand is precies wat we zoeken, alleen de bovenwoning baart mijn partner zorgen. Wat als het verkocht wordt aan iemand met kinderen. Dan is het gedaan met de rust die nodig is voor het centrum. Er zijn twee opties: of de vloer isoleren voor geluid, of ook de bovenwoning kopen. Of de laatste mogelijkheid überhaupt overwogen kan worden, hangt af van de financiering.

Tot mijn grote verbazing komt na een paar weken het bericht dat er twee mensen zijn gevonden die de opleiding

een warm hart toedragen en allebei meer dan honderdduizend gulden hebben die ze renteloos beschikbaar willen stellen.
Ineens is de realisatie van het plan binnen handbereik, inclusief het aanschaffen van de bovenwoning. De rest van het benodigde kapitaal wordt gefinancierd door een hypotheek op de inkomsten die uit de opleidingen zullen komen.
De hele zomer werken we ons allebei een slag in de rondte. Mijn vader wordt ingeschakeld, die weer een kennis heeft die goed is in het aanbrengen van spuitwerk. We plaatsen een scheidingswand in het pand, zodat er een grote werkruimte en een kleine garderobe ontstaat. In het souterrain komt de keuken met tafels en stoelen van Ikea. Een van de huurders die meegekomen is uit het andere pand naait meters stof aan elkaar tot gordijnen, valletjes en kussenhoesjes. We dopen het centrum Dagaz, een naam die een runensteen aanduidt met als betekenis dag, of evenwicht tussen tegenstellingen.

God is er altijd

Op een van de vele klusdagen aan het pand, komt er iemand voor de elektra. Ik weet genoeg van het aanleggen van elektriciteit, maar er is iets raars met de installatie aan de hand en daarom hebben we een vakman ingehuurd voor advies. Ik leg uit wat ik al heb onderzocht en waar ik denk dat het probleem in de installatie zit. Het maakt dat de man die gekomen is met andere ogen naar mij kijkt en we raken aan de praat. Het gesprek dat we voeren begint over verbouwen, maar al gauw komen we op spirituele onderwerpen.

Het gesprek komt op het onderwerp God. Hij vertelt dat hem in zijn opvoeding geleerd is dat God ver weg is en dat Hij helemaal niet geïnteresseerd is in de mensheid. Sinds de val uit het paradijs is hij ontstemd en zit af te wachten tot we eindelijk tot bezinning komen. Hij vertelt hoe hij het gevoel heeft dat dit beeld niet klopt. Ergens gelooft hij dat God eenvoudig te bereiken is. Ik stem met hem in. In Een Cursus In Wonderen wordt een beeld geschetst van een God die liefdevol wacht op de terugkomst van zijn geliefde kinderen.

Terwijl dat we dit gesprek voeren, heeft hij gekeken naar wat er aan de hand is met de elektrische installatie. Er is helemaal niets verkeerd, het enige punt is een schakeling die op drie punten een lichtpunt aan kan doen, wat voor de nodige verwarring heeft gezorgd, iets dat bijna nooit voorkomt. Hij vertrekt met een glimlach om zijn mond en zegt: "Dan was ik blijkbaar hier om te horen dat God er altijd is."

Naar het oosten

Hoewel we heel veel werk verzet hebben, is het centrum verre van af. Overal zijn nog details die afgemaakt moeten worden. Ook de bovenwoning waar mijn zakenpartner haar intrek neemt, roept aan alle kanten om aandacht. Ik probeer zoveel mogelijk tijd te besteden aan het opheffen van alle oneffenheden, maar ik woon nog steeds in het westen van het land en rijd heel wat kilometers weg. Wat ben ik blij met mijn auto op lpg! Toch wordt de situatie steeds onhoudbaarder. Op en neer rijden kost drie-en-een-half tot vier uur per keer.
Het is ook al heel lang duidelijk dat wij heel graag bij de bossen willen wonen. Als er een moment van vrije tijd is, kiezen we er steevast voor om de fietsen achter op de auto te zetten en over de bekende dijk Enkhuizen-Lelystad naar Harderwijk te rijden om daar te gaan fietsen. Ook de Utrechtseheuvelrug is een plek waar we graag naar toe gaan.
Nu veel van mijn werk zich in en rond Arnhem afspeelt, wordt de drang om te verhuizen alleen maar groter. Klein probleem is wel dat de huizen in deze regio een stuk duurder zijn. Ook wonen al onze vrienden en familie in het westen. Als mijn ouders aanbieden om ons een schenking te doen, hakken we de knop door en gaan op zoek naar een woning in de buurt van Arnhem.
Het wordt een lange en moeizame zoektocht. Niet alleen omdat het internet nog in de kinderschoenen staat en we dus heel vaak op en neer moeten reizen om huizen te kunnen vinden en te beoordelen op hun potentie. Ook de huizenmarkt is aan een ongekende opleving bezig. Huizen worden bij opbod verkocht en zijn meestal al weg voordat we in staat zijn geweest om te kijken, de afstand speelt ons echt parten.

In deze voortrazende gekte van verkopen en stijgende prijzen verschijnt een heel groot huis. Het is onder architectuur gebouwd en bestaat uit huizen die in elkaar gebouwd zijn door gebruik te maken van allemaal halve verdiepingen. Het is een bijzonder huis, maar het is er donker en ruikt overal muf en naar rook, De muren zien bruin van de nicotine aanslag. In de garage die onder het huis ligt is een praktijk gebouwd, maar zonder lichtinval.

Er is iets dat ons trekt in het huis: het is de speelsheid. Je kunt de weg kwijtraken in het huis door enkel naar boven te lopen over drie halve trappen. Moeilijk in woorden uit te leggen, maar menig monteur heeft me verwonderd aangekeken nadat hij de cv-ketel had gecontroleerd en gevraagd: "Hoe kom ik ook weer naar beneden?"

De duisternis in het huis en ook de energie die heel laag en negatief aanvoelt maakt dat we twijfelen. We besluiten om verder te kijken. Dat is een hele gok, want zoals al gezegd, de markt is oververhit en iets dat ook maar enigszins iets lijkt, is binnen de kortste keren weg. Maar goed, je weet, bij twijfel niet inhalen.

We zoeken verder, ook in dezelfde wijk. De meeste huizen zijn klein of onbetaalbaar. Bij huizen in Arnhem en Wageningen vissen we echt altijd achter het net omdat we gewoonweg niet op tijd kunnen reageren.

En terwijl wij zoeken en zoeken, blijft dit ene huis maar in de verkoop. Op een gegeven moment belt de verkopende makelaar op om ons te melden dat het huis nu aangeboden wordt aan Vitesse. Deze voetbalclub - met voldoende geld, wordt met nadruk gezegd - zoekt altijd geschikte woonruimten voor startende spelers. Als we het huis nog willen, moeten we nu toch echt actie ondernemen. Maar ja, we zijn nog steeds niet zeker.

Stel een grens

Als we uiteindelijk besluiten deze woning te gaan kopen, lopen we tegen het probleem aan dat het steeds niet lukt om tot een akkoord te komen met de verkopende partij. Het lijkt alsof het verschil tussen de vraagprijs en wat wij willen bieden onoverbrugbaar is.

Iemand die ons dit hoort vertellen, stel het volgende voor: "Ga zitten en beslis wat de uiterste prijs is die je wilt betalen. Vraag om leiding om de juiste prijs te bepalen, een prijs die klopt bij jullie intentie om daar te willen wonen. Vraag je af hoever je bereid bent om financieel te gaan. Vervolgens bied je die prijs en wacht af. Wordt het bod afgewezen, dan weet je dat het niet de bedoeling is om daar te wonen."

Het klinkt als een goed, maar ook spannend idee. Want hoe weet je nu wat de uiterste grens is. Het is verbazingwekkend hoe snel we de prijs weten die voor ons kloppend is. Meer dan vijf minuten is daar niet voor nodig. We melden de prijs aan de makelaar en het blijft een tijdlang stil. Dan komt het verlossende "De verkopende partij is akkoord met jullie bod."

Het doek valt

Ondertussen leeft mijn zakenpartner in een bovenwoning aan een drukke straat waar om half zes de eerste en om half één 's nachts de laatste bus doorheen rijdt. Ze heeft hiervoor in een heel klein, stil dorp gewoond. Van nachtrust is weinig sprake meer. Daarnaast woont ze boven het centrum en gaat steeds als het gebruikt wordt even kijken en hoort dan steeds weer dezelfde klachten over dingen die nog niet goed functioneren.

Na zes maanden in deze, in haar beleving kakafonie van geluid, mensencontact en klachten waarvoor zij zich niet bij machte voelt om er iets aan te doen, valt ze in een diep gat: ze trekt het niet meer.

We moeten alle zeilen bijzetten om wat er allemaal geregeld moet worden toch nog voor elkaar te krijgen. Gelukkig ben ik inmiddels richting Arnhem verhuisd en kan ik veel taken van haar overnemen, behalve dan de opleidingen die zij zelf allemaal verzorgt. Na een aantal maanden hakt ze de knoop door en geeft aan dat ze op deze manier niet verder kan, ze wil het centrum weer verkopen.

Voor mij valt een droom in duigen. Een spiritueel centrum is altijd iets geweest waar ik graag onderdeel vanuit wilde maken. Omdat we een redelijk aantal vaste huurders hebben, maak ik een plan om met deze mensen het centrum voort te zetten. Van de 36.000 gulden die nodig is om de exploitatiekosten te dekken, wordt 30.000 opgebracht door alle huurders. Er zit dus een gat van 6.000 dat betaald moet worden door nieuwe huurders. Bij veertig verhuurbare weken per jaar komt dit neer op honderdvijftig gulden of anderhalf dagdeel per week verhuur.

Ik organiseer een bijeenkomst met vijf van de grootste huurders. Het plan is dat iedereen door gaat met huren, iedereen zoekt naar nieuwe huurders en als er meer dan het anderhalf dagdeel wordt verhuurd, krijgen deze huurders korting op hun huur. Het enige wat daar tegenover staat is dat ze voor duizend gulden per persoon borg staan. Ook ik zal borg staan voor hetzelfde bedrag. Het bedrag hoeft niet betaald, enkel als het helemaal misgaat en er geen enkele nieuwe huurder gevonden wordt dan kan dit bedrag opgevraagd worden. De kans daarop lijkt me nihil.

Ik breng het verhaal met verve, de reactie is verbluffend. Niemand ziet iets in het plan en kiest er voor om ergens anders een ruimte te gaan zoeken, wat niet gemakkelijk zal zijn, en de prachtig ingerichte ruimte te laten vallen. Ik sta perplex.

Nu het duidelijk is dat er geen vervolg zal komen aan het centrum, moet het zo snel mogelijk worden verkocht. Het valt zwaar om de daad bij het woord te voegen. Niet alleen emotioneel, ook praktisch is het niet gemakkelijk. Er is de stap om een makelaar in de hand te nemen. Met een pand dat rond de 7,5 ton zal gaan opbrengen, komt de courtage ergens uit op de vijftienduizend gulden. Een bedrag dat we waarschijnlijk hard nodig zullen hebben om alle rekeningen te betalen die er nog liggen en in de komende maanden zullen arriveren.

In een opwelling lopen we naar boven en printen in grote letters TE KOOP en een telefoonnummer. Beneden gekomen plakken we deze prints op de raampartij aan de voorzijde. Het hangt er een paar dagen en dan halen we ze weer weg. Niemand reageert en het is waarschijnlijk toch beter om het aan een professional over te laten.

Dankbaarheid

Wie schetst onze verbazing als twee dagen later de telefoon gaat. Een enthousiaste, ietwat snel pratende, man vertelt dat hij heeft gezien dat het telefoonnummer dat hij een paar dagen geleden heeft genoteerd, ineens is verdwenen. Is het pand al verkocht? Want hij wil het heel graag kopen.

Hij gaat door met te vertellen dat hij een kandidaat-notaris is en zich als een van de eersten vrij wil vestigen in Nederland. Hij wil het notariaat goedkoper en gemakkelijker bereikbaar maken voor mensen. En, zo gaat hij verder, als dat toch niet lukt dan wil zijn vrouw ook nog iets voor zichzelf beginnen. En wat fantastisch dat de bovenverdieping ook te koop is, want hij had zich al afgevraagd waar hij kon gaan wonen.

De snelheid waarmee deze heer spreekt en denkt, geeft ons goede hoop en maakt dat we hoog inzetten op de verkoopprijs. We vragen achthonderdduizend gulden. Uiteindelijk wordt het pand voor een goede prijs verkocht en houden we nadat alle rekeningen betaald zijn nog een bedrag van tienduizend gulden over.

Dat is echt een wonder, het opstarten van een onderneming kost in het begin altijd bakken met geld. Enkel het feit dat de woningmarkt nog steeds gigantisch overspannen is, maakt dat er geld overblijft. Iets waar ik ongelofelijk dankbaar voor ben.

De bevrijding

Op een dag word ik gebeld door iemand met een Engels accent. Hij probeert in heel gebrekkig Nederlands iets uit te leggen. Eigenlijk ben ik al bezig om de hoorn op de haak te leggen als er ergens Een Cursus In Wonderen (ECIW) klinkt. Ik stel voor om verder te gaan in het Engels.
Het blijkt dat de beller, met de naam Paul, mijn gegevens heeft gevonden op de site van ECIW, waar alle leesgroepen op staan. Hij legt uit dat hij uit Canada komt. Zijn ouders zijn uit Nederland geëmigreerd. Hij geeft trainingen die gebaseerd zijn op het boek en gestalttherapie. Hij vraagt of ik interesse heb om naar een informatieavond te komen. Natuurlijk heb ik dat, alles wat met de Cursus te maken heeft, heeft mijn interesse.
De bijeenkomst is nogal houtje-touwtje. In gebrekkig Nederlands gelardeerd met zangerig Engels van zijn Canadese partner wordt uitgelegd hoe wij alles wat we doen, inkleuren vanuit ervaringen uit het verleden. Allemaal erg theoretisch. Tot Paul een voorbeeld neemt. Hij vertelt hoe hij zich vandaag heeft lopen ergeren aan iets dat zijn partner heeft gezegd.
Hij begint met zijn irritatie te uiten en belandt binnen een paar minuten in een heel andere wereld. Hij vertelt hoe er, door het uiten van wat binnenin hem leeft, een gevoel ontstaat dat hem brengt bij een herinnering als jongste jongen in een gezin met verder enkel meiden en een moeder. Zijn vader was heel erg afwezig. En deze 'damesbende' nam hem nooit serieus. Hij was altijd de lieve kleinerd die je een aai over de bol en een snoepje gaf en dan weer verder ging met waar je mee bezig was.

Hij heeft zich dit nooit meer zo duidelijk herinnerd en kan de overtuigingen die hij in zijn jeugd had geplant, namelijk dat hij niet serieus genomen wordt door vrouwen, omzetten naar een positieve. Het is mooi om te zien.

Ik volg verschillende van de workshops die worden gegeven en ga me steeds meer inhoudelijk met de organisatie bezighouden. Er komen steeds meer workshops. Op een gegeven moment ontstaat het plan het eerste jaar van de opleiding, zoals die in Canada gegeven wordt, ook naar Nederland te halen. In eerste instantie ben ik heel enthousiast en wil zelf ook meedoen met de opleiding. Er ontstaat echter zoveel onduidelijkheid over wat er nodig is, wie wat gaat regelen en hoe de financiële afwikkeling zal gaan, dat ik besluit om te stoppen met het organiseren.

Woede

Iets waar ik mijn hele leven mee geworsteld heb, is het feit dat ik heel erg boos kon worden, klaarblijkelijk zomaar uit het niets. (Het is iets waar ik me, terugkijkend, nog steeds heel vervelend over kan voelen dat dit zo gebeurde). In een van de workshops gebeurt het ook. Ik ben de hele dag in touw geweest om van alles te regelen en te redderen en iemand plaatst een, in mijn ogen, onheuse opmerking. Ik schiet uit mijn slof.

Nadat ik enigszins ben afgekoeld, bied ik mijn excuses aan. In plaats van in te gaan op wat er gebeurd is, stelt de persoon voor om het proces, dat we in alle workshops volgen, te doorlopen. Vanuit mijn geïrriteerdheid naar de persoon die de opmerking plaatste, kom ik al snel uit bij een diepe woede naar mijn vader. Hij kon, net als ik nu, zomaar heel boos worden. Voor mijn gevoel uit het niets. Ineens was daar de uitbarsting. Het lastigste daarbij was dat hij ook nog eens heel hard riep dat hij heel veel om mij gaf!

Ik voel me boos. Daaronder voel ik me vooral machteloos. Ik kan niets doen om de storm te doen gaan liggen. Alles wat ik zeg, wakkert het vuur alleen nog maar aan.
"Wat zou je willen dat er gebeurde?" vraagt de persoon tegenover mij. 'Dat hij weg gaat.' Terwijl de woorden uit mijn mond komen, realiseer ik me dat dit niet is wat ik wil. 'Dat het stopt'. Nee, dat is het ook niet. Ik zie nu dat het ook fijn is dat mijn vader er is. Hoe merkwaardig ook, dit 'contact' is beter dan het gevoel te hebben geen echte verbinding te hebben. Dan komt in mijn op wat ik echt wil: 'Dat je gewoon tegen me zegt dat je van me houdt, zonder te schreeuwen'. In het vervolg van het proces ruim ik een aantal diepliggende overtuigingen op, waaronder 'Ik moet mijn stem verheffen om gehoord te worden' en 'Mijn vader geeft niet om mij'. Vanaf dat moment is het gemakkelijker voor mij om rustiger te reageren op situaties die mij raken.

Overtuigingen: maar ik heb me vergist

Het proces dat ik in deze tijd leerde, wordt het clearing proces genoemd. De achterliggende gedachte is dat achter iedere irritatie of boosheid een gevoel verborgen ligt. Je voelt de boosheid omdat je dat gevoel niet wilt voelen of erkennen. Door de boosheid te uiten, zonder dat erop ingegaan wordt, ontstaat er ruimte. Ruimte voor het gevoel om naar boven te komen en het te ervaren.
Het gevoel is, op zijn beurt, weer gekoppeld aan een herinnering. Het gevoel komt omhoog omdat de situatie waar je nu in beland bent, iets uit het verleden in gedachten brengt. Dat is waar je op reageert, niet op wat er nu gebeurt. De eenvoudige vraag 'Net als toen...' brengt waar het om draait heel vaak gemakkelijk in herinnering.

In dit verleden heb je iets bedacht. Er gebeurde op dat moment iets dat je als schokkend of bedreigend ervoer en er was niemand om je te helpen ernaar te kijken. Daarom trok je je eigen conclusie: zo zit de wereld dus in elkaar. Niet gek dat deze gevolgtrekking niet op de waarheid gestoeld is. Gedachten als 'Moeders luisteren nooit', 'Mannen zijn niet te vertrouwen', 'Mij lukt ook nooit iets', 'Mijn creativiteit is waardeloos' zijn allemaal ontstaan door gebeurtenissen in het verleden.

Het lastige is dat overtuigingen maken dat we op een bepaalde manier naar de wereld kijken. Het is de bril die we op hebben om de wereld te aanschouwen. Overtuigingen zorgen er daardoor voor dat we situaties kleuren zodat ze bij ons geloof passen. Neem als voorbeeld iemand die de overtuiging heeft dat 'Mannen niet te vertrouwen zijn.' Als zo iemand een vriendelijke manspersoon tegenkomt, die aanbiedt om een handje te helpen, dan wordt dit gebaar meteen gelabeld als 'proberen om mij te misleiden'. Het aanbod wordt afgeslagen. Een man die deze vrouw wel een oor aannaait, wordt daarentegen direct bijgezet in het archief van bewijsstukken. "Zie je wel!" Daarmee is de cirkel rond. Je hebt een overtuiging en door je selectieve waarneming zie je deze voortdurend bevestigd.

Het mooie van deze overtuigingen is dat ze allemaal niet waar zijn. Het zijn slechts gedachten die iemand heeft, die maken dat de wereld er precies zo uitziet als de gedachten zijn. Met dit gegeven kun je dan ook je overtuigingen veranderen. De volgende stap is te zien dat de overtuiging op een vergissing berust door te zeggen: maar, ik heb me vergist.

Dat klinkt gemakkelijker dan het is. Een gevleugelde opmerking die vaak klonk tijdens deze stap: "Het is wel eenvoudig, maar niet gemakkelijk". Een heel leven kan gebouwd zijn op een overtuiging en alle bewijsstukken die daarbij horen. Om aan jezelf toe te geven dat jij een selectie hebt gemaakt van de werkelijkheid om zo je eigen denkbeeld in stand te houden, kan heel confronterend zijn. Toch is het de uitweg uit de vicieuze cirkel waar je inzit.

De laatste stap in het proces is om een nieuwe overtuiging te kiezen. Eén die voor iedereen geldt en zonder ontkenningen is geformuleerd. In dit voorbeeld is 'Mannen hebben het beste met mij voor' een mogelijk alternatief.

Workshop opnieuw geboren worden

Er landt weer eens een krantenknipsel op mijn bureau. Een workshop opnieuw geboren worden. Voor mij is het leven op deze aarde altijd lastig. Ik herinner me een keer dat wij bij ons huis in Schellinkhout aan de dijk stonden. Het was een grauwe, grijze dag en de lucht ging naadloos over in het even kleurloze water van het meer. Ik wees met mijn vinger naar die overgang van lucht en water en zei "Daar wil ik heen." (Ik realiseer me veel later pas hoe pijnlijk dit geweest moest zijn voor mijn vrouw die naast mij stond). Ik had een onduidelijk verlangen om aan de andere kant te zijn. Iets dat ik niet kon duiden. Misschien is deze workshop een manier om opnieuw voor het leven te kiezen, dacht ik. Het is ook de strekking van het krantenartikel: 'Heb je het gevoel dat je niet hier wilt zijn, dan is dit een manier om echt voor het leven te kiezen'.

De workshop is heel goed in elkaar gezet. Er zit een intakegesprek in, een privésessie en een heel weekend waarin tijdens de eerste dag wordt gewerkt aan waarom je hier niet wilt zijn en het nemen van de beslissing om opnieuw geboren te worden. De dag daarna wordt besteed aan het ritueel om je keuze te bestendigen. Je blijft de nacht slapen zodat de energie die is opgebouwd niet verdwijnt door het contact met de buitenwereld.

Na de intake krijg ik een lijst met vragen mee om te beantwoorden, als voorbereiding op de individuele sessie en de workshop. Een van de opdrachten is om een gesprek aan te gaan met mijn moeder over mijn geboorte. Vragen als 'wat weet je nog van de geboorte', 'was ik gewenst', 'was mijn vader aanwezig' etc, komen aan de orde. En dus maak ik een afspraak om een keer met mijn moeder de vragenlijst door te nemen. Twee verrassingen liggen in dit gesprek op me te wachten.

Ten eerste vertelt mijn moeder dat ik van alle drie de kinderen het meest gewenst was. Mijn broer was de reden geweest waarom ze getrouwd zijn, mijn zusje was de derde. Natuurlijk waren ze blij met ons alle drie, maar mijn komst was heel bewust gekozen en zowel mijn vader als mijn moeder hadden uitgekeken naar mijn komst. Het beeld klopt helemaal niet met het idee dat in mijn hoofd zit. Dat ik een beetje tussendoor gekomen ben en als vijfde wiel aan de wagen hang.

Het tweede konijn uit de hoge hoed komt wanneer mijn moeder zegt "Ik heb je twee keer gekregen, één keer bij je geboorte en één keer toen je uit je coma kwam." Als ik haar aankijk alsof ik water zie branden, zegt ze: "Maar dat wist je toch?" Dus niet!

Ze vertelt me over mijn ongeluk toen ik achttien maanden was. Hoe ik na twee dagen weer terugkwam, in rap tempo door alle stadia heenging die een baby doormaakt en daarna nog wist hoe ik met een knijper kon spelen, iets wat ik in die tijd deed. Vingers tegen elkaar, knijper open, vingers los, knijper dicht. Ik kon dat tijden achter elkaar doen. Voor haar was het zo'n opluchting want ze wist dat alles nog goed werkte in mijn hersenen. Haar gedachte was dat als ik me nog kon herinneren hoe je met een knijper kunt spelen, dat de rest ook intact was.

In de workshop doen we allerlei oefeningen om meer contact te maken met andere deelnemers en met de aarde. Ook bouwen we van doeken, dekens en slaapzakken een soort tunnel, die gaat dienen als baarmoeder. Aan het eind is een nauwe doorgang. De idee is dat je achteraan begint, daar ligt totdat je het gevoel hebt dat je op deze aarde wilt zijn. Dan kruip je door de smalle gang naar buiten en word je door de andere deelnemers liefdevol ontvangen. Daar wordt een zelfgekozen lied gespeeld.

Hier slaat bij mij de paniek toe. Zoals wel vaker heb ik de informatie die is meegegeven blijkbaar niet zorgvuldig genoeg gelezen. Want ik heb wel een lied uitgekozen, 'Feel' van Robbie Williams, maar niet begrepen dat ik zelf voor een cd moet zorgen waar dit lied op gebrand is. Even naar huis om een cd te branden is er niet bij, we blijven immers allemaal samen op locatie slapen. Ook nu is de redding nabij en zorgt een van de deelnemers dat er een cd met het bewuste nummer wordt afgeleverd. Hoe goed wordt er toch voor mij gezorgd.

Regressie naar de daderrol

In de individuele sessie vertel ik over mijn regressie ervaring en hoe moeilijk ik het vind om alsmaar de slachtofferrol te krijgen toegespeeld in het leven. De therapeut gaat niet mee in mijn drama. Iedereen leeft verschillende levens, met verschillende rollen. We spelen alles uit, zodat we van alles de voors en tegens kunnen ervaren. Het lijkt haar goed om eens opzoek te gaan naar een ander soort leven van mij.

Als ingang kiest ze irritatie. Irritatie over mijn slachtofferrol en hoe ik daarvan baal. Ik sla op een kussen, uit mijn woede. De woede ontvlamt en leidt mij naar een herinnering aan een leven als Viking. Met grof geweld trek ik in een grote menigte door Noord Europa en doe alles wat God verboden heeft. Het is onthutsend en ontluisterend om mee te maken. Ook dit ben ik geweest, ook dit heb ik gedaan.

Stoppen met boekhouden: 9.000 euro

Het is inmiddels tien jaar geleden dat ik mijn eerste stappen heb gezet als financieel adviseur en boekhouder. Ik heb een goedlopende praktijk waaruit voldoende inkomen komt om goed van rond te komen.

Toch wringt er iets. Ik ben begonnen met het begeleiden van mensen omdat ik ze wilde helpen om een bloeiende praktijk te hebben, steeds verder te groeien en daarmee meer mensen die vastlopen in deze hectische maatschappij de mogelijkheid te geven om anders in het leven te gaan staan.

Doordat ik steeds vaker de winstcijfers van mensen bekijk, ontdek ik patronen. Het bekijken van resultaten wordt als het lezen van intenties: zo zie ik hoe iemand jaar na jaar op bijna hetzelfde bedrag aan winst uitkomt. Of hoe er heel veel geïnvesteerd wordt in reclame maar dat dit niet leidt tot meer inkomsten. Zelfs als iemand sjoemelt met zwart geld ga ik dat zien in de cijfers. Als ik probeer om wat ik zie te bespreken met mensen is de reactie over het algemeen dat ze het wel goed vinden zo en dat ik vooral mijn werk als boekhouder moet doen. Of ik bespreek het wel, maar zie na drie maanden geen enkele verandering.

Mijn gevoel is dat ik tot een veredelde rekenmachine ben verworden. Mensen sturen hun ontvangsten en uitgaven in en het enige dat ze belangrijk vinden is 'Hoeveel heb ik verdiend en hoeveel gaat daarvan naar de belasting?'. Dit is niet wat ik wil.

Ik besluit resoluut dat ik ga stoppen. Wat ik dan wel wil is mij niet duidelijk, maar zo kan het niet langer. En dus trek ik de stekker uit bijna al mijn relaties, met een berichtje dat dit het laatste jaar is dat ik nog boekhoudingen zal doen. Mensen zijn verbaasd maar gaan bijna allemaal zonder weerwoord opzoek naar een andere boekhouder. Daar zit ik dan met een goed gevoel omdat ik voor mezelf heb gekozen, maar wel weer zonder inkomen.

Omdat ik minder werk, zit ik vaker in de woonkamer en luister naar de radio. Daar klinkt regelmatig een reclame over 'Hoe voordelig het wel niet is om je hypotheek over te sluiten.' Hoewel ik veel met cijfers en ook hypotheken werk, is me nooit duidelijk geworden waarom dat nu zo voordelig kan zijn. Ik heb het idee dat het vooral voor adviseurs en notarissen een lucratieve business is.

Als ik voor de zoveelste maal deze reclame uit alle andere naar voren heb horen schallen, pak ik de telefoon en bel naar de maatschappij waar mijn hypotheek is ondergebracht. Die verwijzen mij naar mijn adviseur, van wie ik niet eens wist dat ik die had.

Ik bel de persoon op en krijg een zeer rustige man aan de lijn. "Weet je hoe Excel werkt?" vraag hij mij en bij een bevestigend antwoord vertelt hij me precies wat ik moet invoeren in een spreadsheet om te kunnen zien wat het voordeel van oversluiten voor mij is. Het is waar, hoewel deze persoon en de notaris er een leuke zakcent mee verdienen, is er ook voor ons een mooi bedrag te besparen.

Een ander voordeel is dat we met oversluiten mijn ouders kunnen terugbetalen en alles in één hypotheek hebben. Bij het kopen van het huis hebben we namelijk, naast de schenking van mijn ouders, nog eens 33.000 gulden (bijna 15.000 euro) geleend om de financiering rond te krijgen.

Na enig rijp beraad wordt besloten om te gaan voor het

oversluiten van de hypotheek. Ik bel de adviseur om hem te vertellen dat we dit hebben besloten. De man aan de andere kant van de lijn heeft dezelfde stem, maar verder is hij aan niets meer te herkennen. Hij is gejaagd en kortaf, weet nauwelijks meer wie ik ben en zegt alleen maar 'Dat hij me het een en ander zal mailen'.

Het papierwerk is immens, wat gedeeltelijk komt omdat ik ondernemer ben. Nadat ik alles heb ingestuurd, valt een paar weken later een voorstel van de bank op de mat. Er is een bedrag van 3.000 euro te betalen aan boete voor het vroegtijdig oversluiten, maar daartegenover staat een bedrag te ontvangen van rond de 6.000 euro. Het oversluiten gaat ons 3.000 euro opleveren, een bedrag dat we goed kunnen gebruiken.

Daarna wordt het oorverdovend stil. Ik bel en hoor 'Dat eraan gewerkt wordt'. Ik besluit om het verder te laten, het komt wel als de tijd daar rijp voor is, denk ik. Ik heb mijn les wel geleerd met de aannemer. Week na week verstrijkt en gebeurt er niets, behalve dan dat de rente iedere paar weken met een paar tiende van procenten stijgt.

Als mijn ouders bij ons op bezoek komen, vertellen we hen dat ze het bedrag dat we van ze geleend hebben terug kunnen verwachten. Kunnen ze leuke dingen mee gaan doen. In het gesprek zeg ik ook tegen mijn vader dat we moeten bepalen hoeveel rente er over dit jaar nog verschuldigd is, omdat we normaal één keer per jaar de rente betalen.

Mijn moeder kijkt mijn vader aan en zegt: "Betalen die kinderen rente over die lening? Dat wist ik niet." Mijn vader sputtert dat het toch heel normaal is dat je over geld dat je uitleent rente ontvangt. "Daar hebben we het in de auto nog wel even over."

Daarmee wordt het onderwerp als afgedaan bestempeld.

Een paar dagen later belt mijn vader op. Van de 15.000 euro mogen we 3.000 euro houden, dat is de rente die we over de jaren hebben betaald.

Pas een paar maanden later kunnen we eindelijk terecht bij de notaris. Om onduidelijke redenen is het dossier heel lang ergens blijven liggen. Bij het controleren van de acte blijkt dat de boete die we moeten betalen voor het vroegtijdig oversluiten gedaald is tot een paar honderd euro, doordat de rente nu op bijna hetzelfde niveau staat als toen wij onze hypotheek afsloten.

Het eindresultaat van deze actie is dat we 6.000 + 3.000 euro ontvangen.

Er is geen toeval, het valt je toe

Dit voorval laat zien dat het altijd goed komt. Sterker nog, nadat dit bedrag ons was toegekomen, loop ik iemand tegen het lijf die ik al langer kende vanuit een spirituele training. Hij doet integratiewerk voor ondernemers en via hem kan ik een aantal trajecten afmaken voor iemand die het werk niet meer wil doen en op die manier heb ik weer een inkomen.

Je kunt beargumenteren dat dit allemaal toeval is. Kijk je nauwkeuriger, dan zie je dat ik op een aantal momenten heb gehandeld. Zoals bij het reclamespotje en juist afwachten wanneer ik weet dat alles geregeld is. Toeval bestaat niet, alles valt je toe, als je het lef hebt om te handelen als je geroepen wordt.

Vredestichter

Al bijna acht jaar lang bestudeer ik één boek. Zo zit ik blijkbaar in elkaar. Ik doe één ding en doe het dan ook helemaal. Zo was het met breien, boekhouden en dus ook met het boek Een Cursus in Wonderen. Dat boek bestaat uit drie delen. Het middelste deel bevat 365 lessen, het werkboek, één les voor iedere dag. Het doel van die lessen is om je te leren dat je denken iets is dat we voortdurend doen, maar dat het niet zo is dat het ons overkomt.

Het verhaal ging rond dat er iemand was die maar niet begreep waar die teksten op sloegen en voortdurend om hulp en inzicht vroeg. Op een dag begon ook in zijn hoofd een stem te spreken: 'Mijn naam is Jeshua en ik zal je uitleg geven over het werkboek'. De teksten zijn uiteindelijk neergekomen in een boek dat de titel heeft gekregen 'A journey beyond words'. Ergens spreekt de titel me aan en kom ik via via aan een Nederlandse vertaling: een reis die aan woorden voorbijgaat.

Het boek maakt veel in me los. De teksten zijn heel erg kort door de bocht. Twee bladzijden worden aan een thema besteed, waar er in mijn ogen hele boeken over vol geschreven kunnen worden. Bovendien heeft het een soort stelligheid, die ik zelf ook wel kan hebben, maar waar ik nu kromme tenen van krijg. Dit is een hele nieuwe ervaring voor mij. Normaal lees ik een boek en laat de informatie tot mij komen, terwijl ik besluit of het wel of met me resoneert. Zo niet, dan laat ik het los. De weerstand die de teksten oproepen is helemaal nieuw voor mij. Ondanks dit, of misschien wel daarom, lees ik het boek steeds weer, op zoek naar waar ik haarscheurtjes in de theorie kan vinden. Dat valt niet mee, wederom een heel nieuwe ervaring voor mij.

Dan valt er een mailtje in mijn postvak: the art of spiritual peace making (de kunst van het spiritueel vredestichten). Zoals altijd scan ik het mailtje door. Op deze manier kan ik snel beslissen of iets waardevol is of niet. Ik ga er daarbij vanuit dat waar mijn oog op valt, mij zal vertellen of de inhoud van de mail wel of niet belangrijk is. Mijn oog valt op de naam Jeshua; Ik lees verder.
De mail is afkomstig van James Twyman. Deze man noemt zichzelf vredestroubadour. Hij speelt gitaar en zingt twaalf vredesgebeden van de twaalf grote godsdiensten van de wereld. Hij vond ze een keer in een la die hij aan het uitzoeken was en De muziek voor alle twaalf viel zo bij hem naar binnen. De teksten zelf zijn verzameld toen twaalf leiders van de wereldreligies bij elkaar kwamen en besloten nu eens niet te praten met elkaar, maar ieders vredesgebed aan elkaar voor te lezen. James Twyman trekt de wereld door en zingt deze liederen in de meest gevaarlijke oorlogsgebieden in de wereld.
In de mail staat dat hij naar Israël is geweest als deel van een reis naar de Palestijnse gebieden. Hij voelde dat hij naar de grotten moest gaan waar de dode zee rollen gevonden zijn om daar te mediteren. In zijn meditatie komen 33 lessen naar boven, ieder 333 woorden lang, die de kunst van het spiritueel vredestichten beschrijven. Hij biedt aan om deze lessen om de drie dagen naar je toe te sturen. Ik schrijf me in.
De lessen zijn mooi. De basis vormt een wiel met twaalf spaken waarin verschillende spirituele eigenschappen staan, zoals dankbaarheid, volharding, overgave, vrijgevigheid en overvloed. Ze volgen elkaar op, waarbij de laatste kwaliteit, overvloed, aanleiding geeft om opnieuw de cirkel in te gaan.

Daarnaast introduceert hij het gegeven: 'Think like God, feel like God, act like God' (denk als God, voel als God en handel als God). Wat er ook in je leven gebeurt, pas deze drie stappen toe: hoe zou God denken, voelen en handelen in de situatie waar jij je in bevindt.

Na de 33 gratis mails volgt, het was te verwachten, de vervolgaanbieding: een jaar lang opleiding. Er zit een gesproken bericht bij dat eindigt met de vraag: 'Voel je je geroepen?'. Natuurlijk voel ik dat, maar de twee-en-een-half-duizend dollar die voor de opleiding staat, wil ik er niet aan uitgeven. Het is een te grote hap uit ons budget. Maar als ik dat hardop uitspreek, zegt iets tegen mij: "Maar je voelde je toch geroepen? Dan moet je dat schrijven: ik voel me wel geroepen, maar ik kan onmogelijk de opleiding betalen."

Hoewel ik het antwoord dat ik zal krijgen al denk te weten, schrijf ik toch maar een mail. Tot mijn grote verbazing ligt er per ommegaande een mail in mijn postvak: 'You may apply for a scholarship' (je mag een beurs aanvragen), met een aantal vragenformulieren in de bijlage. Wat ben ik blij met mijn jaar in Amerika. Het beschrijven van mijn motivatie en het beantwoorden van de andere vragen gaat me gemakkelijk af.

Een maand later ben ik ingedeeld in een groep, die regelmatig met elkaar mailt, de opnamen van James beluistert en huiswerkopgaven maakt. Er zijn ook twaalf meditaties bij, ieder voor een van de twaalf eigenschappen. Het is leuk om deel uit te maken van een gemeenschap. En het is heel schools. De leraar vertelt en van ons wordt verwacht dat we het allemaal aannemen, het liefst voor zoete koek.

Iedereen in de groep heeft al het nodige meegemaakt op het spirituele pad en begint vragen te stellen bij wat er aan lesstof wordt aangeboden. Vooral de boeken, die we moeten lezen, roepen de nodige vragen op. De boeken zijn namelijk òf geschreven door James òf James is co-auteur òf hij is uitgever van het boek. Bovendien is hij een groot aanhanger van de Maria Magdalena gedachte. Deze stelt dat er een kind door Jezus verwekt is dat naar Frankrijk is gevlucht. Hij voert bewijzen aan die vooral laten zien dat er vanaf de achtste eeuw na Christus heel veel mensen waren die deze gedachtegang ook volgden. Iedere vraag die gesteld wordt over de opleiding, wordt stelselmatig genegeerd.

Vanuit het gemor over de weigering om onze vragen serieus te nemen, ontstaat een levendige uitwisseling van boeken die zeker de moeite waard zijn om te lezen. De meeste daarvan heb ik natuurlijk niet gelezen, maar wel van gehoord. Eén titel die langskomt ken ik niet en roept iets in mij wakker: 'Christ Returns'.

1 euro per maand is heel veel geld

Naar aanleiding van het meditatiewiel met twaalf kwaliteiten ontstaat bij mij het idee om in ieder van onze twaalf provincies twaalf groepen te starten die iedere maand mediteren op één bepaalde kwaliteit. Iedere groep bestaat uit twaalf deelnemers. De bijdrage die gevraagd wordt aan de deelnemers is twaalf euro, één euro voor iedere bijeenkomst. De idee is dat als er zoveel mensen tegelijk mediteren, dit zeker zal bijdragen aan een vredigere wereld. Het lijkt me een leuk project, maar ook iets wat best veel tijd gaat vergen. Daarom zoek ik iemand om het mee samen te doen.

Het vinden van deelnemers is niet gemakkelijk. Mediteren blijkt minder populair te zijn dan we gedacht hadden. Bovendien is het commitment om twaalf maanden iets te doen voor velen een struikelblok.

Deze bezwaren zijn gemakkelijk te begrijpen. Wat mij wel verbaast, is iemand die contact met mij opneemt met de vraag of er ook de mogelijkheid bestaat om mee te doen zonder te betalen. Ze legt uit dat 1 euro voor haar een heleboel geld is, zeker als het iedere maand betaald moet worden. Met dat geld kan ze bij de tweedehands winkel heel veel goede dingen kopen.

Voor mij is dit een schok. Heel mijn leven is geld wel een issue geweest. Vaak is de vraag 'Waar komen de inkomsten over een paar maanden vandaan?' langsgekomen. Geld voor boodschappen is er echter altijd wel geweest. 1 euro is voor mij niet meer dan wisselgeld. De vraag van deze persoon gaf me een hele nieuwe kijk op mijn rijkdom.

Christus Keert Terug – Spreekt Zijn Waarheid

In de e-mail uitwisseling over boeken heb ik een link toegestuurd gekregen naar de website met daarop alle teksten van 'Christ Returns'. De uitstraling van de site maakt diepe indruk op mij. De openingszin is al even pakkend: 'I, the CHRIST have descended from the Highest Celestial Realms in the Eternal Realms of Being (IK, de Christus ben gekomen vanuit de Hoogste Hemelse Sferen in de Eeuwige Rijken van Zijn). Dan open ik de eerste tekst die begint met 'I, the **CHRIST,** take this opportunity to speak directly to YOU.' ('IK, de **CHRISTUS,** gebruik deze gelegenheid om rechtstreeks tot JOU te spreken'.)

Iets binnenin mij is geraakt en zonder verder te twijfelen, klik ik op de link waarin gevraagd wordt om assistentie bij het vertalen in andere talen. "Ik zal zorgen dat de teksten vertaald en uitgegeven worden in het Nederlands taalgebied," schrijf ik en klik op verzenden.

Ik herinner me levendig hoe ik in de trein zit nadat ik zo impulsief heb aangeboden de teksten te vertalen. Meer dan een paar regels van de eerste brief heb ik niet gelezen. Alle teksten zijn uitgeprint en ik neem het dikke pak papier iedere keer als ik naar Utrecht reis mee en lees en lees: waar heb ik me eigenlijk aan gecommitteerd? Ik ben zo in gedachten verzonken dat ik zelfs een keer het treinstation waar ik moet uitstappen mis en de volgende trein terug moet nemen.

De reactie die ik terugkrijg op mijn bericht is niet wat ik verwachtte. Wie ben ik, wat zijn mijn referenties en hoe kom ik erbij om zo'n uitspraak te doen. Ik ben diep geraakt.

Waarom niet gewoon aannemen wat je aangeboden wordt? Vanuit mijn dikke ego van die tijd schrijf ik terug dat ik hoe dan ook mijn plannen ten uitvoer zal brengen, of ze het nu wel of niet acceptabel vindt.

Het antwoord dat hierop volgt, zet me aan het denken. De Opnemer, de vrouw die de teksten heeft doorgegeven, schrijft dat het hier gaat om teksten van Christus, die van een zeer hoge spirituele intensiteit zijn en het daarom maar de vraag is of ik wil oogsten wat ik zaai door mijn eigen willetje door te drammen. Ze heeft zeker een punt.

Het is het begin van een lang avontuur, waarin ik met vallen en opstaan leer om meer en meer te volgen wat zich voordoet, de andere kant van zaken te bekijken en mijn excuses leren geven vanuit een echt oprecht begrijpen van het standpunt van de ander.

Ik neem het op me om de website, die al sinds twee jaar geheel stilligt, nieuw leven in te blazen en maak voor iedere vertaling die beschikbaar komt een eigen website. Het volgende jaar zorg ik voor het inzamelen van donaties voor de eerste druk van de teksten in zowel het Engels als het Spaans.

Het blijkt een hachelijke onderneming waarbij ik verstrikt raak in het web dat PayPal heet omdat ik te veel gelden in korte tijd ontvang en ik moet aantonen dat ik een echt persoon ben. Om dit te doen heb ik een code nodig die op een afschrift staat dat maar één keer per maand wordt toegezonden. En al die tijd kan ik niet bij het geld en wordt er gedacht dat ik er met het geld vandoor ben.

Er komen meer teksten door en voor al deze teksten bouw ik nieuwe websites en zorg voor aankondigingen van evenementen.

Hoe meer ik in de teksten lees, hoe duidelijker het voor me

wordt dat ik Een Cursus In Wonderen los ga laten. Niet alleen wordt in de Brieven stelling genomen tegen de verheerlijking van de kruisiging van Jezus, waarbij wordt aangegeven dat niemand voor jouw zonden kan sterven. Er is echter één punt dat de doorslag voor mij geeft.

In ECIW wordt de Big-Bang uitgelegd als een vergissing, ontstaan toen de Zonen van God (ook zoiets, waarom niet de Kinderen van God) in woede vertrokken: de Big-Bang. Ze schiepen vervolgens een plek om 'zonder God te zijn'. Ik heb altijd moeite gehad met deze passage. Als ik keek naar deze prachtige planeet, met alles zo perfect in balans (ons even niet meegerekend) dan kon ik me niet voorstellen dat wij die geschapen hadden, in woede en dan ook nog zonder hulp. De eenvoud van de uitleg die in de Brieven wordt gegeven is zoveel simpeler. Het Universum wilde zichzelf ervaren en rukte zichzelf uiteen om zo het scheppen van materie mogelijk te maken. Simpel, maar zeker niet gemakkelijk om te doorgronden.

Ik zet dan ook al mijn boeken van ECIW, inclusief een reis die aan woorden voorbijgaat gratis op marktplaats. Ze vinden een goed heenkomen in een bibliotheek van ECIW-boeken in Maastricht.

Emails bevatten energie

In de vele e-mailuitwisselingen die ik met de Opnemer van de Brieven heb gehad, leer ik dat e-mails energie bevatten. Op een gegeven moment komt er een e-mail terug met de vraag: in wat voor energie zat jij toen je deze mail schreef? Ik begrijp niet wat ze bedoelt, maar scrol naar beneden en lees de e-mail terug. Ik voel inderdaad wat ze bedoelt, want hoewel de woorden het één uitdrukken, ervaar ik een gevoel van irritatie en haast.

In gedachten ga ik terug naar het moment dat ik de mail geschreven heb. Waar was ik, wat gebeurde er toen. Tot mijn verbazing realiseer ik me dat ik de tekst op een moment geschreven heb toen ik eigenlijk geen tijd ervoor had. Ik moest ergens naar toe, waar ik weinig zin in had, maar wilde toch snel iets antwoorden.

Mediteren

Al een jaar lang bestudeer ik de nieuwgevonden teksten. Ze zijn mooi, inspirerend en zoveel gemakkelijker te begrijpen dan de zinnen uit Een Cursus In Wonderen. Wat niet wil zeggen dat ik alles kan plaatsen of kan toepassen. Wat mij vooral raakt is dat er steeds gesproken wordt over veranderingen die in je leven plaatsvinden, dat je niet hoeft te lijden maar gelukkig mag zijn. Heel eerlijk gezegd merk ik bar weinig verschil in mijn leven. Het gaat niet slecht, zeker niet, maar van een leien dakje gaat het ook niet bepaald. Ware het niet dat ik heb beloofd om het boek in het Nederlands te vertalen, had ik het boek naar alle waarschijnlijkheid in een hoek geworpen en niet meer opgeraapt. Het klinkt me ineens als allemaal opgeklopte nonsens. Met enige tegenzin begin ik nog een keer vooraan met lezen.

Het lijkt alsof ik een ander boek aan het lezen ben. Om de andere bladzijde lijkt een verwijzing te staan. Een verwijzing naar meditatie! 'Als je gemediteerd hebt', 'Na veel meditatie en gebed', 'De bedoeling is je te openen voor de instroom van'. Het is duidelijk dat ik iets heel belangrijks heb gemist.

Aan het eind van de achtste Brief staat een beschrijving van hoe je, vanuit het gedachtengoed van de Brieven, zou moeten mediteren. In de basis is het heel eenvoudig, leer een gebed uit je hoofd, ga zitten in een comfortabele positie, zeg de tekst op (deze bevindt zich achter in het boek) en reik uit naar het Goddelijke. Klein detail hierbij is natuurlijk wel dat je je gedachten stil moet zien te krijgen, iets dat ik redelijk goed heb geleerd door het volgen van de werkboeklessen uit ECIW.

Toch zit ik nog maandenlang in een stoel, met mijn ogen dicht, voordat ik bemerk dat er ook maar iets gebeurt. Eerst is er het gevoel alsof ik wegzak in mijn slaap en dan plotseling wakker word, precies zoals het beschreven staat in de tekst. Vele weken daarna bemerkt ik hoe ik bijna niet meer adem, ook dit wordt genoemd. Toch blijft het voor mij duister wat nu het nut is van al deze handelingen.

Op een zekere dag zegt iemand tegen mij: "Weet je, ik vind het toch zo vervelend als je dat doet". Ik weet echt niet meer wat het was dat mij toen werd aangedragen. De eerste gedachte die ik heb is: 'Als jij daar problemen mee hebt, dan is dat jouw probleem'. Toch is er ook een andere gedachte die bij mij opkomt: 'Is het zo belangrijk voor je om dit te blijven doen?' en grappig genoeg dacht ik 'Nee, niet echt, maar het lijkt alsof het iets is dat niet te veranderen is'.

Ik herinner me dat er in de teksten gesproken wordt over het loslaten van ongewenst gedrag. Daarom ga ik de dagen daarna zitten met het genoemde gedrag en vraag hulp om het los te laten. Een paar weken later bemerkt ik plotseling dat mijn gedrag veranderd is, ik vertoon het niet meer!

Religieus gemarineerd.

Dan gebeurt er iets heel merkwaardigs. Als webmaster van de Brieven krijg ik de Franse vertaling toegestuurd met de vraag om deze op de website te plaatsen. Omdat ik zo bezig ben met mediteren, zoek ik het gedeelte in Brief 8 op en lees het gebed. Tot mijn verbazing, en toegegeven enigszins ontzetting, staat er in deze vertaling: 'Père, Mère, Vie, **tu** est ma vie'. 'Vader-Moeder-Leven[1], **jij** bent mijn leven, terwijl in de vertaling die ik gemaakt heb, staat **u** bent mijn leven'. Het verschil maakt onzeker, 'God' spreek je toch aan met u?

---

[1] Deze term wordt in de Brieven geïntroduceerd als vervanging van het woord God dat voor vele mensen beladen is.

Ik neem contact op met de Opnemer, de vrouw die de teksten heeft doorgegeven, en zoek opheldering. Dat valt nog niet mee, omdat het Engels heel handig gebruik maakt van you, you en you, voor respectievelijk: jij, u en jullie. Ik leg uit dat er een gezamenlijk you is (jullie) en dat er dan nog twee overblijven, één die gebruikt wordt voor iemand die jouw respect verdient, de andere wordt gebruikt voor een goede bekende, een vriend. Het antwoord is duidelijk: 'Het gaat om die voor een vriend, het Goddelijke is je beste vriend, toch?'

De oplossing is heel eenvoudig, denk ik. Alle u's vervangen door jij en hier en daar een verbuiging aanpassen en klaar is kees. Ik ken het gebed uit mijn hoofd en dus moet ik even oefenen om alle u's door jij te vervangen, maar echt moeilijk is het niet.

De eerstvolgende keer dat ik ga zitten om te mediteren en begin met 'Vader-Moeder-Leven, jij bent mij leven', hoor ik een donderende stem in mijn hoofd zeggen: 'Wij gaan onze lieve Heer toch niet met JIJ aanspreken!' In verbijstering open ik mijn ogen. Dit kan niet waar zijn. Met zo weinig religieuze achtergrond, kan ik dit toch niet gehoord hebben. Maar mijn hart klopt in mijn keel en ook de volgende poging levert hetzelfde resultaat op. Een luide stem die mij verbiedt om door te gaan met deze nonsens.

Weken, misschien wel langer, verkeer ik in een uiterste staat van verwarring. Ik geloof, weet, dat de Opnemer het bij het rechte eind heeft als ze zegt dat het Vader-Moeder-Leven je beste vriend is, die je in genegenheid en vertrouwen met jij kunt aanspreken. En in mij is de diepe overtuiging dat ik daarmee heiligschennis pleeg.

Ook met deze diepe overtuiging ga ik zitten, hoewel het heel lastig is om te komen tot een goede meditatie in de verwarring waarin ik mij bevind. Toch gaat het steeds gemakkelijker en verdwijnt de angst en de stem uit mijn meditatie.

Excel expert

Ondertussen ben ik ongeveer een jaar bezig met mediteren. Het lukt me om kleine zaken in mijn leven lichter te maken door middel van meditatie. Toch zit ik nog steeds met de grote vraag: 'wat zal ik nou gaan doen als werk'. Bijna dagelijks zit ik met deze vraag en voor mijn gevoel kom ik geen stap verder.

Op een dag hoor ik als een donderslag bij heldere hemel: 'Zet jezelf op marktplaats als Excelexpert.' Ik open mijn ogen en schrijf het op een papiertje dat ik naast me heb liggen en probeer weer verder te mediteren. Het lukt niet.

Ik lees nog een keer na wat ik opgeschreven heb: 'zet jezelf op marktplaats als Excelexpert'. Ten eerste, marktplaats. In 2007, het jaar waarin dit tegen mij gezegd wordt, is het niet gebruikelijk om marktplaats te gebruiken om werkzaamheden aan te bieden. De mogelijkheid is pas veel later ontstaan. En daarnaast, Excelexpert: zo heb ik mezelf nooit bekeken. Het is waar dat ik zo'n beetje alles wat ik doe oplos via Excel, mijn eerste opdracht was voor spreadsheets, mijn hele boekhoudkantoor was afhankelijk van Excel. Het idee om daar geld mee te verdienen was nog nooit bij mij opgekomen.

Het duurt nog een aantal weken voordat ik mezelf overtuig van het feit dat dit echt een geïnspireerde ingeving was en dat, hoewel het heel ongebruikelijk is, ik het advies toch ga opvolgen. 'Excelexpert biedt zich aan', zet ik als titel. Omdat ik advertenties zonder foto zelf altijd oversla, upload ik mijn foto in plaats van de afbeelding van de spullen die normaal wordt aangeboden.

De reacties zijn overweldigend ... in stilte Niemand reageert. De moed zinkt me in de schoenen, als zelfs hier niets uit voortkomt, hoe dan wel?

Dan belt er iemand op die op zoek is naar een Excelexpert. Ik veronderstel natuurlijk dat hij mij gevonden heeft via de advertentie die ik op marktplaats heb gezet. Hij wil graag dat ik een keer naar hem toekom om hem te leren te programmeren. Hoewel ik uitleg dat het heel lastig wordt om hem in een paar sessies van enkele uren te leren om programma's in Excel te schrijven, blijft hij bij zijn keuze.

Ik speel het gesprek dat we net hebben gehad nog een keer af in mijn hoofd. Ergens meen ik dat hij het over Utrecht heeft gehad, iets dat ik maar niet kan plaatsen. Het blijft maar in mijn hoofd hangen en iets zegt mij hem nog een keer te bellen en na te vragen hoe hij mij gevonden heeft.

Het antwoord dat ik krijg ik heel verrassend. Helemaal geen marktplaats, maar een of ander opleidingsinstituut in Utrecht heeft hem naar mij verwezen. Ik zoek en zoek en vind uiteindelijk een opleidingsinstituut in Utrecht, gespecialiseerd in onder andere Excel waarbij ook een Excelexpert wordt aangeboden. In het telefoongesprek dat ik heb verteld de eigenaar me dat zijn Excelexpert een maand geleden binnen kwam lopen en te kennen gaf dat hij voor zes maanden naar Afrika vertrok, hoe dan ook; Hij hoopte dat hij na die tijd weer kon terugkomen, maar als dat niet kon, hij dat zou accepteren; De eigenaar besloot daarop om voor de tussenliggende periode iemand te zoeken waarnaar hij kon doorverwijzen en in zijn zoektocht had hij mij gevonden, op marktplaats!

Achter de schermen gebeurt van alles

In het oneindige universum waarin eenieder van ons leeft, gebeurt zoveel meer dan wij ons maar kunnen voorstellen. Als je probeert om met het beperkte zicht wat je hebt op wat er allemaal plaatsvindt, probeert om je leven vorm te geven, mis je het grootste wonder van allemaal: het Intelligente Leven dat met iedereen en alles het beste voor heeft. Het lijkt misschien wel of de samenhang bij tijd en wijle mist, of dat sommigen meer krijgen toebedeeld dan anderen. Uiteindelijk is alles altijd in balans en ontvangt iedereen precies dat wat nodig is om tot volle wasdom te komen. Met het schrijven van dit boek wil ik laten zien dat het in ieder geval voor mij zo heeft gewerkt en nog steeds werkt.

Vertalen

Onderwijl ligt er nog steeds mijn belofte aan de Opnemer: het vertalen en beschikbaar stellen van de teksten in het Nederlands taalgebied. Het schiet maar niet op. Ik had gedacht dat ik met mijn kennis van de Engelse taal, gecombineerd met Google translate een heel eind zou komen. Niets is minder waar. Het blijkt dat de teksten bijzonder moeilijk in elkaar zitten, dat er hele lastige Engelse woorden worden gebruikt, waarbij de gedachte al snel is: o, dat zal wel dat betekenen. Maar weet ik dat wel zeker?
Geleidelijk aan komen er mensen op mijn pad die zich willen verbinden aan het vertaalwerk. Sommigen komen vanuit het netwerk van Een Cursus In Wonderen, anderen benaderen de Opnemer die ze doorstuurt naar mij. Uiteindelijk ontstaat zo een groep van zes mensen.
Het is een gemêleerd gezelschap, ieder met zijn eigen achtergrond en ideeën over hoe spiritualiteit in elkaar zit. Mijn grootste inzet is om de vertaling zo dicht mogelijk bij de Engelse taal te houden. Hiermee heb ik, als ik nu terugkijk, de inzichten en kennis van anderen gekleineerd.
Een van de belangrijkste eerste stappen bij het maken van de vertaling is het zoeken naar vertalingen voor bepaalde Engelse woorden, zodat er een consistent geheel ontstaat. Om een voorbeeld te noemen, wordt er in de teksten veelvuldig gebruik gemaakt van het woord conviction. Normaal vertaalt men dit met overtuiging, als het woord niet gebruikt wordt in de betekenis van veroordeling, waar het woord ook op kan duiden. In de Brieven wordt daarnaast gesproken over 'a belief', wat eveneens wordt vertaald met overtuiging. In de tekst blijkt duidelijk dat de twee woorden

niet hetzelfde betekenen. Na veel zoeken en overleggen wordt het woord overtuigdheid bedacht, wat weliswaar geen bestaand Nederlands woord is, maar wel goed aangeeft wat conviction ook in zich heeft. Zo wordt een hele lijst met woorden afgehandeld.

Vanuit de vele contacten die ik met mensen rond de vertaling van Een Cursus In Wonderen heb gehad, weet ik hoe deze tot stand is gekomen. Er zijn twee teams samengesteld, één team vertaalt de tekst vanuit het Engels naar het Nederlands, het andere team vertaalt deze tekst weer terug naar het Engels. De moederorganisatie controleert in hoeverre deze terugvertaling overeenkomt met het origineel.

Voor het vertalen van de Brieven hebben we niet de beschikking over twee teams. Het formeren van eentje is al lastig genoeg. Maar deze kennis stelt me wel in staat om bij onenigheid over vertalingen steevast te vragen: "Wat gebeurt er als je de zin terugvertaalt in het Engels?"

Na vele maanden van noeste arbeid ligt er een vertaling, die op het internet geplaatst wordt. Veel mensen zijn er blij mee, terwijl er ook een groep mensen blijft zeggen dat er iets niet klopt aan de vertaling; er mist iets, wordt steeds gezegd.

Dan neemt iemand contact met mij op. Hij is Rozenkruiser en zegt te weten wat er aan de teksten mankeert. Mijn ego zit me behoorlijk in de weg. Deze man zou beter weten wat er met de teksten moet gebeuren dan een groep van zes mensen. Daarnaast ken ik de Rozenkruisers als mensen die een duidelijke mening hebben over hoe alles in elkaar zit en zie ik op tegen de inmenging van deze ideeën in de teksten. Toch weet de man mij te overtuigen om een gesprek met hem aan te gaan. Ik stem in.

In het gesprek wordt duidelijk dat hij weet waar hij het over heeft. Hij vertelt dat hij als oude rot nog gedegen onderwijs heeft gehad in het Nederlands. In de vertalingen zijn vele werkwoorden op verkeerde plekken geplaatst en zijn woorden gekozen die anglicismen zijn en prima vervangen kunnen worden door Nederlandse alternatieven. Daarnaast mist er nogal eens een zich of er in de zin.

Het proces van aanpassen neemt meer dan negen maanden in beslag. Vele versies gaan heen en weer, waarbij menig verschil van inzicht naar voren wordt gebracht. Het is een mooi proces om te leren omgaan met verschillen van inzicht en elkaar ondanks dat te blijven respecteren en de communicatie open te houden.

In deze tijd loop ik opnieuw een vrouw tegen het lijf die ik eens in de zoveel jaar tegenkom, met wie ik dan iets onderneem en dan weer uit het oog verlies. Ik vertel haar over mijn project en na het lezen van een paar bladzijden biedt ze aan om te kijken naar dubbelzinnige woorden. Soms heeft een woord twee of meer betekenissen en krijgt een zin een rare smaak als je voor een bepaalde uitleg kiest. Het is haar specialiteit en samen halen we heel wat merkwaardige constructies uit de teksten.

Midden in het jaar neemt een Belgische vrouw contact met mij op. Ze wil weten of de Brieven al in boekvorm uitgegeven zijn. Ik ben wel bezig geweest met pogingen hiertoe. Het probleem, of liever gezegd de uitdaging, is om een uitgever te vinden die instemt met de wens van de Opnemer dat de teksten ook vrijelijk op het internet te downloaden zijn. Dat blijkt een hele toer, niemand is geïnteresseerd.

De vrouw geeft aan dat zij de teksten zo belangrijk vindt dat ze besloten heeft om alle honderdvijftig bibliotheken in België een exemplaar te schenken. Ik weet dat het plaatsen van boeken bij bibliotheken niet gemakkelijk is. De gegevens moeten eerst centraal ingevoerd worden, de boeken moeten vaak een speciale uitgave zijn en ook mag iedere vestiging zelf beslissen of ze het boek wel of niet willen opnemen in de collectie. Ik raad haar aan eerst eens te gaan informeren hoe dat in België zit, want wat ik vertel heeft betrekking op de Nederlandse situatie.

Ook vertel ik haar dat een uitgever haar niet meer dan 40% korting zal geven op de door haar gevraagde boeken en dat ze dus gauw moet rekenen op vijfentwintighonderd euro. Het antwoord is verrassend: "Dat is geen probleem...." Later neemt ze weer contact op. Het blijkt inderdaad heel lastig om boeken zomaar in alle bibliotheken te krijgen. Maar mocht het boek ooit uitgegeven worden, wil ze graag honderdvijftig exemplaren hebben om uit te delen.

Al enige tijd loop ik rond met het idee om het boek in eigen beheer uit te geven. Met de Belgische toezegging, duizend euro die ik heb gespaard om een keer de Opnemer te bezoeken, waarvan duidelijk wordt dat ze dat niet wil, en een vijftal boeken in de voorverkoop heb ik de benodigde vieren-een-half-duizend euro bij elkaar om twaalfhonderd boeken te laten drukken.

Weer komt mijn informatica-achtergrond goed van pas. Een website is snel in elkaar gezet, een betalingsoplossing gevonden. Daarnaast lokaliseer ik iemand in België die bereid is om een aantal boeken op te slaan en van daaruit te versturen, zodat de verzendkosten ook voor dit land binnen de perken blijven. En zo wordt het boek al sinds 2011 online verkocht en verstuurd naar alle hoeken van Nederland en België.

Blijf onderzoeken

Bij het maken van plannen voor het uitgeven van de Brieven in eigen beheer was een grote vraag hoe het boek ook beschikbaar kan zijn in boekhandels. In Nederland is er een speciale organisatie die in de behoefte aan boeken van boekhandels voorziet: het Centraal Boekhuis. Om Daar je boeken te mogen neerleggen is echter een heel dure zaak, Het begint met een entreegeld van rond de drieduizend euro per jaar. Er zijn samenwerkingsverbanden, maar deze zijn ook duur, zeker als het gaat om kleine aantallen.

Omdat ik wil dat het boek zo gunstig mogelijk in de markt komt, blijf ik zoeken naar alternatieven. Dus bel ik een aantal boekhandels op en vraag hen wat de grootste hindernissen zijn bij het bestellen van boeken die in eigen beheer worden uitgegeven. Als eerste wordt steevast genoemd dat boeken pas na weken geleverd worden en vaak slecht verpakt zijn. Dat kan ik voorkomen. Daarnaast is er vaak discussie over kortingen en verzendkosten. De uitgever wil dat de boekhandel deze betaalt, waardoor het voor de boekhandel oninteressant wordt om een boek te verkopen, omdat de klant geen verzendkosten wil betalen en het boek dus bijna zonder winst wordt verkocht.

Om de verzendkosten te verkleinen zoek ik naar een mogelijkheid om het boek als brievenbuspakket te versturen. Dat betekent dat het boek iets dunner moet worden en de pagina's iets meer tekst moeten bevatten. Dit lukt zonder dat het veel impact heeft op de leesbaarheid.

Als laatste beslis ik om de prijs van het boek _inclusief_ verzendkosten te maken. Hierdoor betaalt iedereen dezelfde prijs en is ook deze discussie verleden tijd.

Brieven lezing: zes weken in opleiding

Nu het boek in gedrukte vorm beschikbaar is, probeer ik het zoveel mogelijk bekendheid te geven. Een plek waar ik heenga om dat te doen is een spiritueel centrum dat een van de vertalers heeft opgezet. Ze heeft er ook een bibliotheekje. Ik spreek af dat ik een keer langskom om een boek langs te brengen om in de kast te zetten.

In het gesprek dat ik dan heb, zeg ik: "Ik wil ook wel een keer een lezing geven over het boek." Dan gebeurt er iets dat ik niet had zien aankomen. De vrouw pakt kordaat haar agenda, kijkt erin en zegt: "Ik stel voor 1 september". De angst slaat me om het hart. 1 september ligt slechts zes weken in de toekomst. Dat is veel te snel, bovendien vind ik het doodeng om voor een groep mensen te gaan praten over iets dat zo gevoelig ligt. Ik probeer dan ook onder de afspraak uit te komen. Maar wat ik ook verzin, geen van mijn uitvluchten wordt serieus genomen. Ik zit vast aan een lezing over de Brieven over zes weken.

In de zes weken die volgen kom ik allerlei mensen tegen die wel iets weten over hoe je een goede lezing kunt geven. Het probleem voor mij is dat wat ik ook hoor, iets tegenspreekt wat ik eerder gehoord heb: "Vertrouw op je eigen weten", "Bereid je goed voor", "Vooral niet te veel voorbereiden, je weet wel wat je moet zeggen", "Maak alleen een lijstje met punten", "Gebruik zeker geen PowerPoint". Terugkijkend zie ik dat iedereen zijn eigen manier aangaf van hoe de persoon in kwestie heeft leren omgaan met het geven van een presentatie. Iedereen is uniek.

Ook een heel belangrijk moment is wanneer ik op een verjaardag vertel dat ik een lezing ga geven. Voor mij staan drie mensen, die allemaal met hele goede bedoelingen op mij staan in praten. Ze zijn het roerend eens over dat mijn lezing een groot succes wordt. Ik, daarentegen, ben er helemaal niet zo zeker van dat mijn angst zal verdwijnen en ik een prachtige lezing ga geven. Hoe meer ze op me in praten, hoe angstiger ik word. Ineens zei ik heel duidelijk dat ik in mijn beleving terug ben bij het moment van de inquisitie. Er wordt op mij ingehakt en ik word gedwongen toe te geven dat *zij* gelijk hebben. **En** ik kan tegelijkertijd zien dat het nu 2011 is en dat dit niet werkelijk een aanval op mij is. Ik laat een stukje oud zeer los.

Uiteindelijk besluit ik dat er maar één is die weet hoe ik de lezing wil geven en dat ben ik zelf. Ik ga de manier zeker vinden als ik veel met deze vraag ga zitten in meditatie. De vorm die mij wordt ingegeven is om stukken uit het boek te zoeken die ik belangrijk vind en die met kleine stukjes tekst, die ik helemaal uitschrijf, aan elkaar te praten. Hierdoor hoef ik niet te veel tekst uit mijn hoofd te leren omdat ik steeds naar het boek terugkeer om deze voor te lezen.

Ondanks dat dit toch een vrij eenvoudige manier lijkt om de lezing te geven, lukt het me maar niet om rustig te worden, de dag van de lezing. Ik zie me nog ijsberen door de straten van onze wijk. Steeds maar weer oefenen en oefenen op de korte verbindende stukjes, met een hart dat als een gek in mijn keel klopt. Het is zo vreemd, bij lesgeven in bedrijfsvoering kan ik onvoorbereid en zonder enig gevoel van zenuwen een zaal vol mensen toespreken.

De avond van de lezing is het mogelijk nog erger. Ik stap een leuk aangekleed zaaltje binnen met een aantal tafeltjes waar stoeltjes omheen waren gezet. "Dat maakt het een beetje huiselijk," vertelt de organisator mij met een glimlach. Mij lijkt huiselijk het laatste waar ik behoefte aan heb. Ik zonder me even af en zoek een moment van stilte om te mediteren.

Ik weet niet wat ik gevraagd heb in de korte meditatie, maar als ik de zaal binnenstap en het boek op de lessenaar leg, voel ik de angst van me afvallen. Ik draag mijn stukjes voor, lees veel passages uit het boek en ben zelfs in staat om naderhand vragen te beantwoorden. Ik ben getuige geweest van een wonder!

Lezing geven, maak het individueel

Veel later leer ik een methode die het veel gemakkelijker maakt om lezingen te geven. Er zijn twee belangrijke uitgangspunten. De eerste lijkt een open deur: geef enkel lezingen over onderwerpen waar je warm voor loopt. Word je gevraagd iets te presenteren waar je hart niet ligt, geef de opdracht dan aan een ander. Kan dat niet, probeer het onderwerp dan zo te draaien, dat je in ieder geval een deel van je lezing kan spreken over wat je raakt.

Het andere uitgangspunt is minder voor de hand liggend. In de zaal zitten verschillende mensen. Een deel daarvan maakt, om wat voor reden dan ook, op jou een afkeurende, vijandige of ongeïnteresseerde indruk. Let wel, het is jouw indruk van deze mensen. Het hoeft niet zo te zijn, sterker nog het kan tijdens de lezing veranderen. Zo kan iemand druk op zijn telefoon bezig zijn en de indruk wekken ongeïnteresseerd te zijn, maar later zijn telefoon wegleggen en aan je lippen hangen.

Als je door de zaal kijkt, zul je ook mensen ontdekken die uitstralen dat ze echt gekomen zijn om jouw verhaal te horen. Ze kijken naar je, zoeken oogcontact en knikken zo af en toe met hun hoofd. Dit zijn de mensen om je op te richten. Kies één iemand uit en vertel je verhaal daartegen. Na enkele zinnen maak je je los van deze persoon en ga je op zoek naar de volgende geïnteresseerd kijkende aanwezige. En zo vertel je als het ware je verhaal steeds aan een individu en niet meer aan een zaal vol mensen.

Eindeloos bewustzijn

De bovenstaande term wordt geïntroduceerd door Pim van Lommel. Hij is cardioloog en wordt in zijn spreekuur nogal eens geconfronteerd met merkwaardige verhalen van mensen die een hartstilstand hebben overleefd. Mensen die vertellen dat ze boven de operatietafel hebben gezweefd. Of er wordt verteld dat familieleden in de wachtkamer bezig waren met ruziën over de erfenis. Er zijn zelfs mensen die details over de operatie kunnen geven, momenten van paniek wanneer een ingreep niet verloopt zoals verwacht.

Pim besluit om dit fenomeen verder te onderzoeken, hij is immers wetenschapper vindt hij en dus dient ieder fenomeen onderzocht te worden. Hij ontdekt dat er bij vele collega's vergelijkbare verhalen worden verteld, die dan direct worden afgedaan als 'verbeelding' of 'slechte narcose'.

Omdat dit voor hem geen bevredigend antwoord is, besluit hij om de mensen op te gaan zoeken en ze te vragen hun verhaal te vertellen. De overeenkomsten tussen de verhalen zijn veelzeggend. Bijna iedereen vertelt over een tunnel van licht, een omhullend gevoel van ongelofelijke liefde en erkenning, het zien van overledenen, het ontvangen van informatie, de onwil om terug te keren naar het aardse leven en hoe moeilijk het daarna is om verder te leven in een wereld waar liefde voor elkaar ver beneden de liefde voor materie en succes ligt. Ik kom in aanraking met het werk van Pim van Lommel door twee documentaires die op de televisie worden uitgezonden.

De eerste gaat over de reis die Pim heeft gemaakt met zijn onderzoek. Hoe hij, nu nog steeds, met de nek wordt aangekeken omdat hij de gangbare visie van 'Als het brein niet meer werkt, kun je niets meer waarnemen,' probeert te weerleggen. En hoe hij tussen de schuifdeuren van zijn huis begon met een lezing voor zes mensen en nu enkel nog lezingen geeft voor hele grote groepen, omdat hij anders geen tijd overhoudt voor andere zaken.

In de tweede documentaire komen een aantal mensen aan het woord die een zogenoemde Bijna Dood Ervaring (BDE of in het Engels NDE, Near Death Experience) hebben gehad. Terwijl ik de verhalen hoor, merk ik hoe ik met hen meega. Ik herken de beelden en gevoelens die ze beschrijven. Ook hoor ik van de het gevoel van heimwee, het 'Ik wil hier eigenlijk niet zijn', een gevoel dat ik al heel lang met me meedraag.

Langzaam dringt een vraag zich aan mij op. Is het mogelijk dat ik ook een BDE gehad heb? Ik weet echt precies waar de mensen in de documentaire het over hebben. Het is beangstigend, verwarrend en bevrijdend tegelijk. Het verklaart mijn verlangen naar 'elders' en ook het feit dat ik anders naar de wereld lijk te kijken dan veel anderen. Tegelijkertijd twijfel ik erover of het waar kan zijn dat ik me iets herinner. Ik was pas achttien maanden oud!

BDE op jonge leeftijd

De gebeurtenissen in mijn leven zijn niet uniek. Er zijn vast veel meer mensen die op jonge leeftijd iets hebben meegemaakt waarbij ze voor korte of langere tijd in comateuze toestand hebben verkeerd, of zelfs een hartstilstand hebben gehad. Uit mijn verhaal wordt duidelijk dat dit lang niet altijd aan je wordt verteld, of dat het als bekend verondersteld wordt.

Als je met een onverklaarbaar gevoel van heimwee rondloopt, misschien dingen ziet die anderen niet zien of deze wereld eigenlijk niet begrijpt, ga dan eens na wat er zich in jouw jonge leven heeft afgespeeld. Misschien was je ook even 'aan de andere kant'.

Boekje

Het idee van een BDE blijft in mijn hoofd rondzingen. Ik wip heen en weer tussen het idee belachelijk vinden dat ik me iets kan herinneren en het onderzoeken van verschillende gevoelens en gedachten die van binnen leven.

Eén heel belangrijk gevoel daarbij is de angst om in mijn rug geschoten te worden. Het gevoel is niet nieuw voor mij. Al vanaf heel jong herinner ik me dat gevoel. Het is net of er een stok in mijn ruggengraat wordt geduwd, net onder mijn schouderbladen. Het idee vervult me met angst. Ergens voelt het alsof er een sluipschutter zit die het op mij gemunt heeft.

Zoals ik al eerder beschreef, heb ik dit gevoel in een vroeg stadium in mijn leven ontdekt. Er is ook een soort neiging om achterom te kijken, alsof ik vanachteren aangevallen ga worden. Het wordt nog eens versterkt als ik met een jaar of veertien, vijftien naar het strand fiets en er een brommer mij achter oprijdt. Plotseling hoor ik een harde tik, ik schrik me rot en het volgende moment zie ik een stel jongens lachend op de brommer verdwijnen, zwaaiend met een fietspomp.

Sinds dat ik het idee van een BDE in mij laat rondgaan, is de angst en het gevoel heel sterk aanwezig. Het lijkt net of het iets wil zeggen. Hoe meer ik contact maak met het gevoel, hoe angstiger ik word.

Ik ga achter mijn computer zitten. 'Het was verschrikkelijk.' is de eerste zin die ik intyp. Omdat ik in Amerika geleerd heb om blind te typen, gebeurt er iets heel wonderbaarlijks. Terwijl mijn vingers over het toetsenbord heen en weer vliegen, verschijnen de zinnen op het beeldscherm. Pas als de letters te zien zijn, lees ik wat mijn vingers samenstellen. Op deze manier lees ik mezelf voor. Wat op het beeldscherm neerdaalt is bijna niet te lezen, het vervult me met angst en ongeloof. Zelfs zo erg, dat ik na een tijd het geheel maar opsla, mijn computer uitzet en iets anders ga doen. Ik wil niet meer verder lezen.

Toch blijft het verhaal in mijn hoofd zitten. Hoe zal het verder gaan, komt het ooit nog goed met de persoon in mijn boek? En dus ga ik na een paar dagen weer achter de computer zitten, open het document, lees de laatste twee paragrafen en opnieuw begint het dansen van mijn vingers over het toetsenbord. Het is een merkwaardige ervaring. Ook nu sla ik na een tijd (ik heb geen idee hoe lang omdat tijd verdwenen lijkt) mijn verhaal weer op omdat ik liever niet wil weten hoe het verder gaat.

Zo gaat het een aantal keren door, totdat uiteindelijk het hele verhaal zich aan mij ontvouwt: ik heb in het leven hiervoor mijn leven genomen door zelfmoord. Door de BDE heb ik kunnen zien wat dit voor gevolgen heeft gehad voor mijn bewustzijn. De boodschap is duidelijk: 'het leven eindigt niet met de dood en zelfmoord is geen oplossing.' Sterker nog, het innerlijke gevecht dat je hier met jezelf en je gedachten voert, wordt enkel maar erger aan de andere kant.

Na het doorgeven, anders kan ik het niet omschrijven, van deze informatie, keert de rust terug in mijn innerlijk wezen. Het lijkt alsof ik een ei gelegd heb.

Niet hier willen zijn

Heel lang, zeker nadat ik ontdekte dat ik een BDE gehad heb, blijf ik rondlopen met het gevoel dat ik niet hier wil zijn.

'Daar' is het beter, anders, gemakkelijker. En in zekere zin is dat ook waar. Aan de keerzijde van het leven, wat wij de dood noemen, is de liefde zo veel gemakkelijker te ervaren. In de loop van de jaren ben ik gaan beseffen dat de gedachte dat ik niet hier wil zijn, maakt dat het leven hier lastiger wordt. Door niet volledig te kiezen voor een leven hier, ben ik niet verbonden, geef ik niet mijn volle honderd procent en verwacht ik ook dat zaken zullen tegenvallen.

Daarnaast is het hele idee van daar en hier ook maar een idee. De liefde die ik daar ervaar, kan ik ook hier in mezelf ervaren. Door dat te doen, laat ik anderen zien hoe het is om echt vreugdevol te zijn, wat iets anders is dan je gelukkig voelen omdat er iets plaats heeft gevonden.

Sound-healing

Weer ligt er een krantenberichtje op mijn tafel: vrijdag over twee weken, stembevrijding, een workshop van een dag. Een heel oud verlangen wordt weer wakker. Intuïtief zingen, wat heerlijk heb ik dat altijd gevonden. Als ik bel om mij op te geven, krijg ik te horen dat de workshop vol is. Ik kan wel op de wachtlijst worden gezet. "Graag," zeg ik en verbreek de verbinding.

Er gebeurt niets, niemand belt en op de donderdag voor de workshop besluit ik dat het niets meer gaat worden en plan iets anders voor de dag daarna.

Wie schetst mijn verbazing als ik om half acht 's avonds word gebeld. De workshopleider vertelt me dat er net iemand heeft afgebeld en of het mij gaat lukken om om half tien in Amsterdam Oost te zijn. "Natuurlijk," zeg ik, verbreek de verbinding en begin meteen met regelen en het afzeggen van mijn afspraak.

De workshop begint heel eenvoudig, waardoor ik me afvraag of ik wel op de juiste plek zit. In de middag arriveert er echter een pianist die wonderbaarlijk goed in staat is om intuïtief met iedere deelnemer mee te spelen en het beste uit de persoon te halen. Ik zing zoals ik nog nooit gezongen heb en geniet met volle teugen. Het is dan ook niet vreemd dat ik na deze workshop verder wil en me inschrijf voor een tweejarige opleiding. Ik wil meer ontdekken en ook het werken met mensen en stem spreekt me aan.

Gaandeweg de opleiding wordt mij duidelijk dat de basis van waaruit de stof wordt aangeboden haaks staat op wat ik zelf geloof. In plaats van ervanuit te gaan dat je alles kunt veranderen is de grondgedachte dat je in de basis een bepaald aantal onveranderbare eigenschappen hebt. Het leren accepteren hiervan en deze acceptatie vervolgens aan anderen leren, is het beste gereedschap dat je in handen hebt, volgens de opleiders.

Langzaam maar zeker gaat dit uitgangspunt steeds meer wringen met mijn geloof in verandering. Met pijn in mijn hart verlaat ik na een jaar de opleiding. Ik heb altijd graag ergens bij gehoord en deze opleiding leek perfect om die groep te vinden. Maar hier wil ik niet bij horen.

Nu ik 'klinken' opnieuw heb gevonden, zoek ik verder naar andere vormen. Ik vind veel vormen die gestoeld zijn op het sjamanisme, een vorm van spiritualiteit waar ik niet zoveel mee heb. Ook zie ik vormen waarin het voornaamste doel is om zo diep mogelijk in jezelf en je stemgebruik te komen of juist waarbij het allemaal heel los en speels moet zijn. Niets lijkt echt bij mij te passen.

Dan neem ik deel aan een middag "Stem" vanuit een ondernemersnetwerk. Een van de onderdelen is helend zingen voor elkaar. Ik vind dit zo fantastisch om te doen en ook om te ondergaan. Je zweeft als het ware in een bad van geluid, niets hoeft en je kunt volledig ontspannen, tenminste ik wel.

Dit is het zaadje waar vanuit ik nu sound-healing aan mensen geef.

Je kunt veranderen

De gedachtegang die ik bij stembevrijding tegengekomen ben, is niet uniek. Heel veel mensen gaan ervanuit dat je bent zoals je bent en dat je niet kunt veranderen. Dat het hoogst haalbare is om je neer te leggen bij het feit dat dingen zijn zoals ze zijn en dat je daarmee moet leren omgaan. Ik zie dat anders.

Natuurlijk hebben we allemaal dingen waar we goed in zijn en dingen die ons minder goed afgaan. Dat heeft te maken met onze herkomst, onze geschiedenis, hoe we zijn opgevoed, wie we in het leven zijn tegengekomen. Anders gezegd, hoe jouw bewustzijn zich tot op dit moment heeft gevormd. Dit alles schept de overtuigingen waarmee we rondlopen: voedende als ook tegenwerkende.

Overtuigingen zijn de randvoorwaarden die we zelf hebben gevormd om het leven te kunnen begrijpen, te hanteren. En dus, als iets in je leven niet functioneert zoals je dat wilt, heb je het in je macht om daar een andere draai aan te geven. Dat kan zijn door de omstandigheden te veranderen of door de manier waarop je tegen de omstandigheden aankijkt te transformeren. De keuze is aan jou!

De bodem valt uit de Brieven

Al meer dan zeven jaar ben ik intensief bezig om de Christus' Brieven op de kaart te zetten. In de loop van de tijd is die ene website uitgegroeid tot drie verschillende websites, die in acht verschillende talen getoond kunnen worden. Daarnaast is het gelukt om met behulp van een Fransman, die zomaar ten tonele verscheen, een eigen emailserver te bouwen.
Het geheel is een gigantisch bouwwerk. Gedeeltelijk komt dit omdat de websites zich niet allemaal netjes op één locatie bevinden. Daarnaast probeer ik zoveel mogelijk nieuwe informatie zo snel mogelijk in nieuwe pagina's vorm te geven, waardoor het netjes laten functioneren van andere pagina's regelmatig in de knel komt. Het lijkt een beetje op een decor voor een grote Hollywood film: de buitenkant ziet er prachtig uit, maar aan de achterkant is alles met draadjes en stukjes hout aan elkaar vastgemaakt.
Er gaat steeds meer tijd in het onderhoud van de websites zitten. Daarnaast wordt de mogelijkheid om e-mails uit te sturen steeds vaker gebruikt. Ik coördineer het maken van de vertalingen en zorg dat alle e-mails worden verzonden. Ik geniet van het werk en ben ervan overtuigd dat dit mijn roeping in het leven is. Ik wil al mijn tijd en energie gebruiken om deze teksten, die mij zoveel inzicht en goeds hebben gebracht, de wereld in te brengen.
Er is echter wel een klein probleem. Zo langzamerhand besteed ik meer dan een volle werkweek aan al het werk dat gepaard gaat met het promoten van de Brieven. Meer en meer laat ik ander werk gaan omdat ik me volledig wil focussen op wat ik beschouw als mijn levenstaak.

Na een gesprek met iemand die ook de teksten bestudeert, wordt het me duidelijk dat ik een keuze moet maken. Of wel besteed ik veel minder tijd aan de Brieven en ga ik daarnaast op zoek naar betaald werk, of ik onderzoek of het mogelijk is om donaties te vragen voor het werk dat ik doe. Meer dingen tegelijk doen is niet zo mijn ding. Zoals al gezegd: ik ben een 'één-ding' mens.

Er komt toestemming om donaties te vragen. Na een aanvankelijk wankel begin, waarin er van alles misgaat en er verwarring is over de nieuwe bankrekeningnummers die de EU net heeft ingevoerd, begint de geldstroom goed op gang te komen. Het is een heerlijke tijd, waarin ik me, zonder zorgen over inkomen, volledig stort op het vooral verhelpen van een hoop problemen die zich aan de achterzijde bevinden, onzichtbaar voor de eindgebruiker.

Er is wel iets dat zeer regelmatig naar boven borrelt. Er is gekozen om zo transparant mogelijk te zijn. Dat betekent dat op de website staat hoeveel ik per maand nodig heb en hoeveel daarvan al ontvangen is. Voor mensen uit lagelonenlanden is het onbegrijpelijk dat er een bedrag van 2.800 euro per maand vermeld wordt. Ik probeer uit te leggen dat de levensstandaard hier anders is, dat ik als ondernemer BTW moet afdragen en vooral dat er van hen niet wordt verwacht om (veel) te doneren. Het lijkt olie op het vuur.

Dan bedenkt iemand in Canada een prachtig plan. Als we nu eens met honderd mensen tegelijkertijd mediteren op wereldvrede, wat een mooi initiatief! Voor de datum kiezen we 12 oktober 2014, wat in Engelse notatie 10/12/14 wordt. Mij lijkt het wel iets om ook deel te nemen aan deze manifestatie. Maar ja, Canada is niet om de hoek en ernaartoe vliegen is vast heel kostbaar. Om mijn eigen principes niet te verloochenen ga ik, toegegeven na enig aandringen, naar het internet en zoek op wat het kost om naar Canada te vliegen: 770 euro. Het valt me alles mee.

Ook mijn vrouw, die ik nu toch even op het toneel laat verschijnen, is verrast. We zitten op het moment dat ik het haar vertel aan tafel. Zij heeft een aantal weken appels geplukt en heeft haar loon ontvangen in dichtgeplakte enveloppen. Ze heeft ze nog niet opengemaakt. Nu lijkt het perfecte moment om het te doen.

Uit iedere envelop verschijnen een aantal gele briefjes, ieder vijftig euro waard. Het wordt een hele waaier. Ze pakt er tien vanaf en zegt met een glimlach: "Ik vind dat je naar Canada moet gaan, je wilt het zo graag." Eén van mijn principes die ik al jaren heb, is dat als iemand me iets aanbiedt, ik het aanneem. En besluit ik ter plaatse om nog driehonderd euro bij te passen, zodat ik ook nog een goede stoel in het vliegtuig kan kiezen en mee te doen aan de Canadese bijeenkomst.

Goed geluimd schrijf ik een bericht naar de Opnemer. De reactie die ik terugkrijg slaat in als een bom! "Hoe haal ik het in mijn hoofd om van *het* donatiegeld, snoepreisjes te gaan maken naar Canada?" Ik begrijp dit niet en schrijf terug dat de donaties toch bedoeld waren als inkomen voor mijn werkzaamheden. Daarnaast betaal niet ik, maar iemand anders het grootste gedeelte van de reis en ga ik toch naar een evenement dat verband houd met de teksten?

Vervolgens gebeurt er iets heel wonderlijks. Er wordt niet meer met mij gesproken. Er gaan enkel een heleboel e-mails heen en weer *over mij* waarin wordt besproken welk raar gedrag ik vertoon en hoe het toch kan dat ik zoveel tijd nodig heb voor het bouwen van een website, dat kan toch in een paar uurtjes door het gebruiken van een zelfbouwwebsite.

Uiteindelijk besluit ik om het verzoek om donaties van de website te verwijderen en alles over te dragen aan iemand anders. Tot mijn grote verdriet wordt het contract voor de hosting niet verlengd en daarmee verdwijnt alles wat ik in acht jaar heb gebouwd in de grote digitale prullenbak. Tot op de dag van vandaag is er niet veel meer teruggekeerd dan een website die de teksten weergeeft en je vertelt waar je het boek kunt kopen. Van enige interactie is geen sprake. Voor mij is het onbegrijpelijk dat dit zich zo heeft kunnen ontvouwen.

Ontvangen is niet moeilijk

Vaak kijk ik geamuseerd naar mensen die met elkaar kibbelen over wie iets mag betalen. Of iemand die zich bijna schaamt omdat hem/haar iets wordt aangeboden. "Nee, nee, doe maar niet, nergens voor nodig." Iemand zei eens: "De ontvanger geeft de gever de gift van het geven". Prachtig toch.

Voorgelezen over zelfmoord

Nadat ik terugkom uit Canada val ik in een diep gat. Het lukt me aardig om uit de boosheid te blijven over wat er gebeurd is. Ik besteed heel veel tijd aan mediteren en steeds maar weer vragen om inzicht in de situatie en hoe ik kan reageren op de e-mails die rondgaan. Maar wat ik nu met mijn werkbare leven aan moet is me een absoluut raadsel. De laatste acht jaar ben ik gaan geloven dat het verspreiden van deze teksten mijn levensmissie is. En dus zit ik dagen achtereen in mijn stoel en mediteer.

In iedere meditatie vraag ik om hulp, om iets wat ik kan aanpakken. Vlak voor kerstmis hoor ik een stem in mijn hoofd, die mij iets vertelt. De tekst komt me bekend voor, het is net alsof ik hem al eerder heb gehoord. Dan weet ik het, dit is de tekst uit mijn boekje! Ik begin te graven in mijn computerbestanden. Na een aantal pogingen vind ik de tekst die ik geschreven heb en daarbij een eerste aanzet voor een Engelse vertaling. Het boekje leest goed, al is het begin van de tekst confronterend.

Na het wegvallen van mijn baan als Brieven promotor houd ik zeeën van tijd over. Ook merk ik ineens hoe klein mijn sociale netwerk is. Om iets te doen te hebben en tegelijkertijd nieuwe contacten op te doen, sluit ik me aan bij een familieopstellingen-groep. Ik blijf het wonderbaarlijk vinden hoe je als representant direct verbinding maakt met de energie van degene voor wie je staat.

In de groep zit een man die teksten redigeert. En iedere keer dat we elkaar tegenkomen zegt hij tegen mij: "Als je eens een tekst hebt waar ik naar kan kijken, zeg het dan".

Nu ik de tekst lees, popt zijn naam meteen in mijn hoofd. En dus stuur ik hem een mail, waarin ik hem vraag of hij eens wil kijken hoe de tekst bij hem overkomt.
Zijn reactie is aardig en zakelijk: "Dank je wel Jeroen, natuurlijk wil ik hiernaar kijken. Na de vakantie ben je een van de eersten. Fijne vakantie." Een hele begrijpelijke reactie, we zitten allemaal meer in de kerstsfeer dan dat we geïnteresseerd zijn in werk.
De volgende dag belt hij me op. Hij heeft het document toch geopend om een idee te krijgen waar het overgaat en kan het niet meer terzijde leggen. Vlak voor het einde van het jaar krijg ik het boekje geheel geredigeerd terug.

Zelfmoord: een van de laatste taboes

In de loop van het volgende jaar begin ik vol goede moed met het op de kaart zetten van mijn visie op zelfmoord. Deze komt erop neer dat zelfmoord nergens toe leidt omdat het leven doorgaat. Als je je leven beëindigt om te ontsnappen aan de maalstroom van gedachten en gebeurtenissen die zich in je leven voltrekken, kom je bedrogen uit. Want aan 'de andere kant' gaan ze gewoon door. Sterker nog, ze komen in veel hogere intensiteit naar je toe en er is geen manier om eraan te ontsnappen. De enige echt werkbare remedie is om opnieuw geboren te worden op aarde en hier uit te werken waarvoor je gekomen bent.
Het is geen gemakkelijke boodschap, dat weet ik. Wat ik niet aan heb zien komen, is dat spreken over suïcide volkomen ongepast is. En dat terwijl bijna iedereen óf wel iemand kent die zich van het leven heeft beroofd, óf iemand kent die iemand kent die dit heeft gedaan. Het is daarmee een zeer veel voorkomend fenomeen. Maar niemand wil erover praten.

Het is een beetje zoals er twintig jaar geleden over kanker werd gesproken. Dan fluisterde iemand je toe dat "het k-woord in de familie was geslopen." Dan wist je dat je het daar niet over moest hebben en vooral voorzichtig met die mensen moest omgaan. Tegenwoordig is kanker een pijnlijk maar zeer bespreekbaar onderwerp. Doordat mensen erover praten, is de pijn en paniek die mensen voelen gemakkelijker te dragen.

Bij zelfmoord bestaat het rare idee dat als je er over praat, het erger wordt. Als je maar heel stil in een hoekje gaat zitten wachten, gaat het vanzelf over. Ik geloof daar niet in. Juist door het tot iets geheimzinnig te maken, waar je het niet over mag hebben, wordt het iets dat macht over mensen krijgt.

Ik wil me inzetten voor een wereld waarin zelfmoord bespreekbaar is. Waarin mensen die met deze ideeën rondlopen uitgenodigd worden om te praten over wat hen bezighoudt, wat maakt dat ze zich zo klem voelen zitten. Dat mensen begrijpen dat het niet helpt om mensen blij te maken, omdat dat enkel bijdraagt aan het gevoel dat ze waardeloos zijn. Want na het korte blije gevoel vallen ze weer diep in hun eigen gedachten terug.

Ernie

Vlak voordat de bodem uit mijn levenswerk valt, komt er iemand met groot bravoure binnenvallen bij de Brieven-gemeenschap. In een e-mail schrijft hij hoe hij de teksten heeft gevonden en dat hij een boekje heeft gemaakt waarin hij zijn visie geeft op dertien citaten uit de Brieven. Dat hij graag toestemming wil om het boekje te gaan verspreiden en zo snel mogelijk in contact wil komen met de juiste mensen om spijkers met koppen te slaan.

Er zijn tijden dat de Opnemer niet in staat is om zelf alle e-mails te beantwoorden. Als dat zo is, schrijf ik een eerste reactie op de mails. Uit mijn eigen ervaring weet ik hoe de Opnemer kan reageren op mensen, zoals hij en ik vroeger, die wel even met de teksten van alles willen gaan doen. Vanuit mijn eerste aanvaring met de Opnemer, schrijf ik een antwoord terug waarin ik hem wijs op het feit dat deze teksten een zeer spirituele energie bevatten, dat de teksten niet van hem zijn en dat het zaak is om niet als een olifant door de porseleinkast te stampen.

De Opnemer is 'not amused', ze denkt dat deze man mogelijk de persoon is die gaat helpen om de organisatie naar een hoger plan te tillen. Na enkele e-mail uitwisselingen blijkt dat de rechtdoorzee aanpak van deze persoon niet is wat zij verwachtte en wordt hem verzocht te vertrekken.

Naar aanleiding van de reactie van de Opnemer op mijn e-mail, stuur ik de man een bericht om mijn excuses aan te bieden. Het was niet mijn bedoeling om hem op enigerwijze te kwetsen. Er komt een onverwacht lichte reactie terug. "Geen enkele reden om excuses aan te bieden, sterker nog: voel je nergens schuldig over, alles gebeurt met een reden".

We mailen een tijd lang heen en weer en besluiten dan om te gaan Skypen. Uit de vele gesprekken die we hebben over de teksten en over onze manier van kijken naar de wereld ontstaat een diepe vriendschap. Ik bied aan om zijn boekje op het internet te zetten, een aanbod dat hij met beide handen aanpakt. Het is te vinden op www.anotherway.at.

Ik leer veel van deze man. Hij is 26 jaar ouder dan ik en heeft heel veel ervaring in spirituele ontwikkeling. Tegelijkertijd kijk ik met een frisse blik naar zaken en help hem daarmee weer om nieuwe vergezichten te zien. Het is zo fantastisch om iemand te kennen die met eenzelfde soort blik naar de wereld kijkt, waarbij er een onvoorwaardelijke acceptatie is van een ieders standpunten waardoor een verschil van inzicht alleen maar bijdraagt aan het elkaar beter begrijpen en waarderen.

Als hij op een dag vertelt dat hij naar Europa komt om met zijn vrouw een cruise te gaan maken naar de Baltische staten, roep ik enthousiast: "Dan wil ik je ontmoeten". We ontmoeten elkaar daadwerkelijk in Parijs, wat voor mij niet meer is dan een dag heen en een dag terug. Bovendien geeft het mij de mogelijkheid om het labyrint van Chartres te bezoeken, iets dat ik al heel lang wilde. Het is een mooie dag, waarin ik mijn vriend kan laten zien hoe de metro in de stad werkt. Ook bezoeken we een boekwinkel met enkel Engelstalige boeken in het hartje van Parijs, die ik een paar maanden eerder bij toeval heb ontdekt. En daar vindt hij wederom 'toevallig' een boek over spirituele wetenschap.

Later besluit ik om hem op te gaan zoeken in Canada. Hij wordt heel snel tachtig en mensen kunnen van de ene op de andere dag besluiten dat ze naar de andere zijde van het leven zullen gaan. Niet dat hij dat van plan is, maar soms kan een plan zomaar veranderen.

In de week dat ik daar ben, ontmoet ik de mensen waar hij over verteld heeft en zie ik de omgeving. We vertellen elkaar dingen uit ons verleden, zaken die je alleen aan je allerbeste maatje vertelt.

Ook heb ik daar een bijzondere ontmoeting met zijn eerste, overleden, vrouw. De dag dat ik aankom, laat Ernie mij zien waar ik ga slapen. Het is zijn slaapkamer, hij slaapt zelf in de gastenkamer boven, in het huis van zijn zoon. Aan de muur hangt een collage van foto's. Omdat het al laat is, zegt hij dat hij me morgen zal vertellen wie er allemaal op de foto's staan. De eerste dag vliegt voorbij en de foto's worden niet besproken. Ook de tweede dag raakt de bespreking van de personen op de foto's in de vergetelheid.

Midden in de nacht word ik wakker. Dat is niet gek, want in Nederlandse tijd is het nu al halverwege de dag en mijn lichaam vindt het duidelijk tijd om op te staan. Terwijl ik mijn geest tot rust breng en langzaam weer in slaap dommel, dwalen mijn gedachten af naar de collage van foto's. Morgen ga ik toch echt vragen om de uitleg. Iemand waar ik heel benieuwd naar ben, is de eerste vrouw van Ernie. Hij vertelt altijd vol liefde en genegenheid over haar. De gedachte wordt direct gevolgd door een andere: 'Een foto van iemand zien, is niet iemand kennen. En wat wil ik haar graag leren kennen, echt in persoon'.

Dan voel ik hoe mijn hart gevuld wordt met een zachte aanwezigheid, heel eenvoudig en toch zo volledig. Direct weet ik dat dit zijn eerste vrouw is. Het is zo'n fijne energie om in te verblijven, ik open mijn wezen om hem nog beter te kunnen ontvangen.

Na wat voor mijn gevoel een paar tellen is – ik heb geen idee hoe lang want tijd vervaagt in dergelijke ervaringen, in ieder geval veel te snel – verdwijnt de aanwezigheid. 'Waarom blijf je niet?' zeg ik in mijn hoofd. Het antwoord verbaast me en toch ook weer niet: 'Weet je wel hoeveel energie er nodig is om de aarde te bereiken op deze manier?'

Zijn vrouw verschijnt nog een keer in beelden, die ik ontvang terwijl ik een sound-healing geef. Ze vraagt Ernie om naar een specifieke plek te komen, omdat ze een boodschap voor hem heeft. Als je nieuwsgierig bent naar de afloop, het staat in zijn boek 'A New God'.

Pas vier dagen voordat ik vertrek, ontdek ik dat zijn woonplaats niet meer dan vier uur rijden verwijderd is van het dorp waar ik in Amerika heb gewoond toen ik achttien was. Het had leuk geweest om daarnaar terug te gaan om te ervaren hoe het daar nu is en of er nog iets over is van de sfeer die in mijn herinnering leeft. Maar ja, dat vraagt een veel meer gestructureerde manier van leven dan wat ik nu doe. Volgende keer beter.

Je kiest wat je denkt

In de tijd dat ik Ernie ontmoet, ben ik bepaald niet goed gemutst. Ik voel me terneergeslagen omdat ik het gevoel heb dat alles wat ik geprobeerd heb te doen voor de Brieven niet gezien wordt. En dus vertel ik in geuren en kleuren hoe miserabel ik me wel niet voel.

Ernie antwoordt steevast dat hij begrijpt wat er gebeurd is en dat als ik me klote wil voelen dat ik daar alle recht toe heb. "Maar," voegt hij er dan snel aan toe "je kunt ook kiezen om blije gedachten te denken." Na zo'n gesprek voel ik me altijd voor paal gezet. Net of mijn gevoelens er niet toe doen. En dus ga ik door met klagen en krijg ik keer op keer terug "Dat het ook anders kan.' En voel ik me weer afgewezen.

Een andere gevleugelde opmerking van Ernie is 'als je doet wat je altijd gedaan hebt, zul je steeds krijgen wat je altijd al hebt ontvangen.' Met andere woorden, als je een ander resultaat wilt, moet je iets veranderen in je aanpak. Of het deze woorden zijn geweest of het feit dat mijn gemoedstoestand niet echt aangenaam is en het gevoel om voor gek te staan steeds weer terugkeert, Hoe dan ook valt er een gedachte naar beneden. Want ik ken de theorie heel goed: je denkt dat je denken jou bestuurt, maar het omgekeerde is waar: jij stuurt jouw gedachten.

Ik richt mijn aandacht op dingen waar ik blij van word, die ik nog wel heb, zoals een geweldige relatie met mijn vrouw, een stem die altijd zingt wat ik zingen wil, een heerlijke omgeving om in te wonen. En zo kan ik nog wel even doorgaan. Mijn stemming verandert en dat gaat niet ongemerkt aan Ernie voorbij. "You have changed!" is een van de eerste dingen die hij zegt.

Vanuit deze shift in instelling, ga ik ook zien dat er heel veel dingen in mijn wereld, in de wereld zijn, waarvan ik niet begrijp waarom ze zo plaatsvinden. Want dat is wat mij het meeste raakt, dat iets wat ik als zo belangrijk zie, niet meer groots aan de wereld wordt gepresenteerd. Het dringt tot me door dat ik niet de schepper van dit universum ben en dat ik dus maar heel weinig weet, eigenlijk niets, behalve dan wat mij in momenten van inzicht wordt ingefluisterd. En dat dit prima is.

Werken voor het minimumloon

Het gaat financieel niet goed. Ik heb geen idee waar ik me op wil focussen. Mijn nieuwgevonden werkterrein van preventie van zelfmoord stuit op heel veel verzet. Wat wil je ook met een aanpak die zo anders is dan wat normaal gesproken wordt gedaan. Ik houd een aantal lezingen, zelfs een in België, maar bij het reguliere circuit vind ik voortdurend nul op mijn rekest.
Er verschijnt een e-mail in mijn Postvak in, waarin staat dat een bedrijf in de buurt mensen zoekt om boeken in heel Nederland te gaan inzamelen. Het betaalt niet veel, om precies te zijn net iets meer dan het minimumloon. Omdat de locaties door het hele land verspreid liggen, is het vroeg opstaan, lange dagen maken, laat naar bed. Voor mij een slopend ritme. Toch voelt het alsof dit mijn enige kans is om verder te komen en dus neem ik de baan aan, het is maar voor een week of vijf.
Ik kom gebroken uit deze weken. Het goede nieuws is dat er nog meer werk beschikbaar is. Ik kan namelijk in het magazijn de boeken voor het nieuwe schooljaar gaan verzamelen. Het is ook 40 uur per week, maar er is veel minder reistijd en de werkdruk is, zo wordt mij verzekerd, een stuk lager.
Meteen bij aankomst op de locatie valt me op dat er een lijst met namen hangt, met daarachter getallen. Onder de eerste paar namen staat een dikke streep. In de pauze begrijp ik wat de functie van de lijst is: hierop staan het aantal boeken dat iemand heeft verzameld. De dikke streep geeft aan wie de target heeft gehaald. De rest wordt gemaand om vooral sneller te lopen!

Ik loop de longen uit mijn lijf. Omdat ik een goed geheugen heb en vrij snel weet waar welke boeken liggen, lukt het me na een aantal dagen om het gewenste aantal boeken te verzamelen. Maar de lat ligt veel te hoog en vele mensen worden dag in dag uit toegesproken om harder te werken, iets dat in mijn ogen echt onmogelijk is.

Als ik goed en wel ingewerkt ben in het lopen van bestellingen, krijg ik te horen dat de meeste boeken verzameld zijn en dat ik hier niet meer nodig ben. Maar, wederom is de redding nabij want er is nog werk bij de helpdesk. Ook hiervoor wordt niet veel meer geboden dan het minimumsalaris, maar iets is beter dan niets, toch?

Bij de helpdesk krijgen we een training van een halve dag. In hoog tempo worden allerlei verschillende computerschermen getoond, die allemaal een andere functie hebben. Kijk, klik, kijk, klik, zo doe je dat. En dan aan de lijn met mensen en proberen om zoveel mogelijk vragen zelf te beantwoorden.

Het werk valt me emotioneel heel zwaar. De gang van het kantoor hangt vol met posters over integriteit, loyaliteit en klantvriendelijkheid. Al deze kwaliteiten staan hoog in hun vaandel geschreven. Het lijkt er echter op dat voor de klanten andere regels gelden.

Iedere keer als er iets wordt gemeld dat fout gaat, is het steevast de klant die de zaak probeert te bedonderen. Iemand die zegt geen computer te hebben, moet maar iemand gaan zoeken die er wel één heeft. Als iemand aangeeft geen foto te kunnen uploaden naar de site, wordt er glashard beweerd dat dit onmogelijk is, omdat hun website het altijd doet en voor iedereen te begrijpen is.

Langzaam begint het tot me door te dringen dat hoe hard ik ook werk, al werk ik vijftig uur in de week, ik nooit genoeg

geld verdien om alle rekeningen te kunnen betalen. Daarnaast ben ik 's avonds en in de weekenden zo moe dat er niets uit mijn handen komt dat ook maar iets kan bijdragen aan het vinden van een andere bron van inkomsten.
Ik ga met tegenzin naar het werk en kom vaak met tranen in mijn ogen thuis. Ik loop rond met de gedachte om aan te gaan geven dat ik minder uren wil werken. Dat lijkt een onmogelijkheid, want zo komt er nog minder geld binnen.
Dan belt een mevrouw uit België de helpdesk en ik krijg haar aan de lijn. Omdat het in dit land niet toegestaan is om mensen vooruit te laten betalen, krijgt men hier de boeken thuisgestuurd met een rekening. Gevolg hiervan is dat er een redelijk aantal wanbetalers is. Het beleid is om deze mensen volledig af te sluiten van het bestellen van boeken, totdat alle uitstaande rekeningen betaald zijn. Een begrijpelijke beslissing, al zijn de mensen wel veroordeeld door de school om boeken bij dit ene bedrijf aan te schaffen en staan ze met hun rug tegen de muur.
De mevrouw in kwestie belt om te vragen waarom ze nog steeds geen boeken heeft ontvangen. Ik open haar dossier en zie direct dat er nog een bedrag van iets meer dan zestien euro openstaat. Wanneer ik haar dit vertel, reageert ze vol ongeloof. Vorige week heeft ze gebeld, gevraagd welk bedrag ze moest betalen en hemel en aarde bewogen om het bedrag op tijd betaald te krijgen.
Omdat ik in deze geen beslissingen mag nemen, vraag ik hulp aan mijn superieur. Hij haalt zijn schouders op. Dan moet ze nog even die zestien euro overmaken. Dat het schooljaar over een paar dagen begint, dat een andere medewerker blijkbaar haar verkeerd heeft voorgelicht maakt allemaal niet uit. De zestien euro is belangrijker!

Voor mij is de maat vol. Ik ga naar de dame van het uitzendbureau dat mij heeft ingehuurd en zeg haar dat ik dit niet vol kan houden. Ik begrijp nu wel veel beter hoeveel stress mensen ervaren als ze proberen om het hoofd boven water te houden.

We zijn niet allemaal hooggeschoold

Een andere heel belangrijke les die ik geleerd heb uit deze ervaring is het verschil in opleidingsniveau en hoe zeer we geneigd zijn om alles vanuit ons eigen niveau te beoordelen.
Bij het ophalen van boeken kom ik bij allerlei verschillende scholen. Er zijn vwo-scholen, havo-scholen een ook vmbo-scholen bij. Om het inleveren van boeken te vergemakkelijken zijn er een viertal dingen die leerlingen kunnen doen. Om mijn leven weer gemakkelijker te maken, heb ik een aantal grote A2 vellen papier gevonden en daarop met een dikke marker de punten opgeschreven.
De eerste paar scholen die ik bezoek zijn vwo- en havo-scholen. Mijn systeem werkt als een trein. Ik hang mijn posters op, de leerlingen lezen de instructies en het grootste gedeelte van hen komt goed voorbereid aan de inlevertafel. Het kleine gedeelte waarvoor dit niet geldt, wijs ik op de poster, waarna ze verdwijnen om even later voorbereid terug te komen.
Niet zo op de vmbo-school. Als ik mijn eerste poster ophang, komt een leerkracht naar me toe en zegt: "Dat gaan ze niet begrijpen. Laat mij maar." De leerlingen komen aan, waarna hen in duidelijk taal wordt verteld wat van hen verwacht wordt. Tafel daar om je boeken uit te pakken. Pas daarna is de vraag of ze hun inleverformulier wel hebben. Zo niet, terug naar de locker om het op te halen. Netjes in de rij en de leraar vertelt wie naar welke tafel moet gaan.

Het op de kop leggen van de boeken met de barcode naar degene die inneemt is lastig voor de meesten.

Door het zien van de manier waarop leerlingen van vmbo-scholen begeleiding nodig hebben om boeken in te leveren, doet me beseffen dat wat voor mij appeltje eitje kan zijn, voor een ander een heel lastige of zelfs onmogelijke taak kan zijn. Onze maatschappij verwordt steeds meer tot één groot computersysteem dat wordt gebouwd en ingericht door hoogopgeleide mensen, die zich niet kunnen voorstellen dat er mensen zijn die hun manier van denken niet kunnen volgen. Ik begrijp nu veel beter dat deze mensen niet beter hun best moeten doen. Het is eerder andersom. De hoogopgeleiden zouden zich eens moeten verdiepen in hoe mensen met een ander opleidingsniveau met de wereld omgaan.

Laatste keer boos

Het is zo'n dag waarop alles anders lijkt te gaan dan hoe ik het in mijn hoofd heb. Uiteindelijk zitten we met z'n vieren in de auto op weg naar huis. Het is veel later dan we aanvankelijk terug wilden gaan en nu moet er ook nog getankt worden. Iedereen heeft gezegd dat het niet uitmaakt, dat de plannen die er waren voor die avond wel verzet kunnen worden. Toch voel ik me gehaast en wil de verloren tijd goedmaken.

Daarom spring ik uit de auto, vul de auto snel met lpg en loop op een draf naar de kassa om af te rekenen en kom half rennend terug naar de auto. "Pap, doe toch eens rustig, je ziet er idioot uit" klinkt het van de achterbank.

Iets knapt in mij. Ik ren me hier rot om nog te proberen enigszins tijdig thuis te komen en het enige wat ik krijg is commentaar. In een waas stap ik uit de auto, bedenk me nog net dat ik wel mijn portemonnee moet meenemen en loop met een "Ik ga wel met de trein naar huis" weg. In mijn ooghoeken zie ik hoe onze auto wegrijdt bij het benzinestation. Het draagt alleen maar bij aan het gevoel van woede en onbegrip.

Terwijl ik begin te lopen, realiseer ik me dat ik mijn mobiel in de auto heb laten liggen. Ik ben ergens in Amsterdam en heb slechts een vaag idee hoe ik vanaf mijn huidige locatie naar een treinstation kom. Hoe laat de treinen vertrekken, hoe de aansluiting met de bus is, weet ik niet. En ook laten weten wanneer ik thuis ben, is er niet bij.

Langzaam dringt de realiteit van de hele situatie tot me door. Ik ben heel boos geworden omdat iemand me vroeg het rustiger aan te doen. Niemand had nog haast, enkel in mijn hoofd bestond de noodzaak nog om op te schieten. En nu loop ik, helemaal alleen in Amsterdam, en ben ik pas over een aantal uur weer thuis.

In de trein overzie ik mijn leven en kijk naar de momenten dat ik zo uit mijn slof geschoten ben. Ik zie hoe de aanleiding altijd heel klein is, de uitbarsting in geen verhouding staat met hetgeen gezegd of gedaan is en het eindresultaat steeds is dat iedereen zich klote voelt. Degene tegen wie ik boos ben geweest ben ikzelf.

Ik neem een besluit om dit nooit meer te doen.

De drive om te veranderen

In de tijd die volgt, besteed ik veel tijd om mijn irritatie los te laten. In de Brieven staat in de zesde Brief een mooie manier beschreven om gedrag dat je niet meer wenst, los te laten. Ik pas deze toe op mijn woede en vraag daar ontspanning en het accepteren van anderen voor terug. Iets terugvragen voor wat je weggeeft is essentieel, omdat je met het loslaten als het ware ruimte creëert. Vraag je niet iets terug, dan vult de ruimte zich weer en wel met dat wat je eerder had.

Wat misschien nog wel belangrijker is dan het aanbrengen van verandering, is de drive die je nodig hebt om de transformatie te laten beklijven. Ik had echt wel vaker in mijn leven gedacht dat mijn boosheid me niet diende en dat het goed is om er anders mee om te gaan. Maar het was allemaal heel vrijblijvend. 'Het zou fijn zijn als', 'Hoe goed is het niet om'. Het zijn allemaal manieren om te zeggen dat het je nog niet hoog genoeg zit. 'Ik ben het zat en nu ga ik het veranderen,' dat werkt.

Business Bootcamp: toch maar een missie

2 mei 2016 ga ik naar een vriendin voor wie ik nog de administratie doe. We kennen elkaar al heel wat jaren en de gesprekken gaan vooral over heel andere dingen dan over cijfers en belastingen. Ergens in het gesprek laat ik vallen dat het toch nog steeds sappelen is met mijn eigen bedrijf. Ik heb wel ideeën maar mensen vinden is en blijft heel lastig voor me.

De vriendin staat op en komt even later terug met een VIP kaart. Als ik me uiterlijk 1 mei opgeef, krijg ik een vip-arrangement. Wie weet kan ik vanavond ook nog gebruikmaken van deze mogelijkheid. Natuurlijk is het niet zo, maar ondanks dat lijkt het een aantrekkelijk aanbod: 97 euro voor twee dagen leren over marketing.

De binnenkomst bij het evenement doet mij het ergste vermoeden. Luide muziek en dansende assistenten die met high five en een "How are you today" de toon van de dag zetten. Zoals je weet ben ik in Amerika geweest en ken deze opzweeptechnieken en vind ze nogal overdreven.

Als snel wordt er uitgelegd dat wat we hier meemaken helemaal niet uit Amerika afkomstig is, maar uit een Oost-Europees land waar onderzoek is gedaan naar hoe mensen het beste stof opnemen. Enthousiasme, beweging en participatie kwamen als belangrijke pijlers naar voren. De Amerikanen hebben dit fenomeen overgenomen, gewoon omdat zij graag dat gebruiken wat werkt.

Toch blijf ik de rest van de eerste dag en ook de tweede ochtend wat voorover in mijn stoel zitten. Ik heb wel meer van dit soort presentaties gezien en verbinding met de man of vrouw op het toneel voel ik zelden.

Het thema missie wordt aangesneden. Ik heb nooit wat met een missie gehad. Voor mij zeggen bedrijven hierin enkel hoe goed, groot en geweldig ze wel niet willen zijn. In deze workshop komt een ander soort missie aan de orde, de missie die het bedrijf overstijgt. Zo heeft Google de missie 'making information available to everyone', Facebook 'connecting people' en hanteert hij zelf 'making you live your full potential' als missie-statement. Een nieuw uitgangspunt. Omdat ik ook de keerzijde van de statements van Google en Facebook zie, ga ik later nog op zoek naar voorbeelden die mij aanspreken. Ik vind onder andere een bedrijf dat als missie heeft 'mensen laten glimlachen', en op dit moment T-shirts maakt. En inderdaad alle afbeeldingen op de T-shirts toveren een glimlach op je gezicht.

"En wat is jouw missie?" is de te verwachten vraag die volgt. Terwijl we hierover nadenken, vertelt de man op het podium dat hij een nieuw boek heeft geschreven en dat het deze week van de drukker is gekomen. Hij heeft besloten om iedereen die bij deze training is een boek cadeau te geven. Er worden een aantal trolleys binnengereden met daarop stapels van het nieuwe boek.

Hoewel deze man vele malen miljonair is, zie ik dat het uitdelen van het boek hem raakt. En dat raakt mij weer. 'Deze man is echt,' denk ik. 'Tijd om zelf ook echt te worden.' Want ik heb intern de vraag wat mijn missie is al beantwoord, maar nog niet opgeschreven. En dus schrijf ik op:

Mijn missie is: bijdragen aan een wereld waarin het Goddelijke een prominente plek heeft.

De missende r

Het eerste wat de spreker van het Business Bootcamp doet, is op een flip-over schrijven: oppotunity. En omdat iedereen opgezweept is om vooral mee te doen, springt meer dan de helft van de zaal op en roept: "It is opportunity!" (opportunity laat zich lastig vertalen, in deze context heeft het te maken met een mooie gelegenheid, een kans).

Natuurlijk weet de persoon op het podium heel goed wat hij doet en vertelt dat inderdaad de R in het woord mist. Hij doet dat expres om aan te geven dat alles in het leven gaat om het aanpakken van kansen. "En," zo gaat hij verder, "bij iedere gelegenheid zit altijd wel een ontbrekende R. Het is te duur, te ver, in het weekend waarin je nu juist met de familie iets leuks gaat doen, of de workshopleider geeft ook andere workshops waarvan je je afvraagt of die wel in jouw visie op de wereld passen, enz. enz."

Terugkijkend op het hele gebeuren kan ik zien dat dit het begin is van een zorgvuldig doordachte manier om je klaar te stomen om uiteindelijk de driedaagse training van 3.500 euro te kopen, omdat die alleen dit weekend voor die prijs wordt verkocht en niet voor 9.997 wat hij normaal kost.

Tegelijkertijd heeft het idee van de missende r mij iets heel waardevols gebracht. Bij alles in het leven kun je kijken naar wat er niet klopt of mist. Er is vaak wel wat te vinden en daarmee verdwijnt veel in de categorie 'niet interessant'. Door een andere bril op te zetten en de missende r voor lief te nemen, kun je ineens veel meer tot je laten komen. Zo kan ik luisteren naar een dominee die vertelt over hoe je kunt bidden waarbij ik zijn, in mijn ogen, gewauwel over het kruis en zonde langs me af laat glijden. Ik neem dat op wat bij me hoort en al het andere laat ik voor wat het is. Wat een verrijking!

Een drievoudige hernia

Ergens in die zomer van 2016 begint de pijn in mijn rug, die ik wel vaker voel, erger te worden. Als ik terugkijk, realiseer ik me dat ik al maanden niet meer zonder pijn heb gelopen. Het wordt langzaam steeds een beetje erger. Iedere week neemt de pijn toe en kan ik minder doen. Tot ik uiteindelijk niet meer kan zitten en ook niet meer echt kan lopen. Mijn wereldje wordt steeds kleiner en ik ben de hele dag op zoek naar een houding waarin ik de pijn het minste voel.
De nachten zijn het ergste van alles. Op het moment dat ik ga liggen, schiet de pijn door mijn onderlichaam. Opstaan heeft geen enkele zin, want de pijn wordt daardoor eerder erger dan minder. Het liefst wil ik de hele nacht opblijven maar de hele dag met pijn rondlopen put me uit en door het nachtelijke ronddraaien in bed wordt het enkel erger.
Ik mag van de dokter alle pijnstillers slikken die er beschikbaar zijn, maar niets verlicht de pijn. Zelfs pillen met vloeibare morfine, die ik enkel voor de avond mag innemen, doen helemaal niets voor de pijn. Ik word er wanhopig van. Op een nacht, schreeuw ik het uit: "God, waarom heb ik zoveel pijn. Waarom doe je me dit aan." Het antwoord is schokkend: "Jij doet jezelf pijn, niet ik."
Ik bezoek de plaatselijke fysiotherapeut die met naalden prikt, met tape allerlei spieren probeert te bewegen anders te gaan trekken, maar het helpt allemaal bar weinig.
Tegelijkertijd ligt er een grote uitdaging op mijn pad. Ik ben gevallen voor de verkooppraat van de missende r en heb me ingeschreven voor drie weekenden verkooptraining voor een kleine vier duizend euro. Niet gaan lijkt geen optie, maar de pijn in mijn rug zegt iets anders.

Ik besluit toch te gaan en strompel zo goed en zo kwaad als het gaat heen en weer tussen de ontvangstruimte waar regelmatig koffie en thee wordt geserveerd in de pauzes en de grote hal waar een paar honderd man bij elkaar zijn om te leren hoe je de juiste klanten aantrekt en zorgt dat je een minimale omzet van 1 miljoen euro behaalt.

Veel van wat aangeboden wordt in de training gaat over het gebruik van gedachtekracht, positieve instelling en wilskracht. Ik ken het allemaal en voel zelf altijd een soort weerstand tegen deze fanatieke manier van in je eigen noden voorzien. Voor mij gaat het er om je open te stellen voor dat wat het universum voor je heeft klaarliggen, omdat het bij je past.

'Zou het niet heerlijk zijn als er iemand was die mij kon helpen met mijn rug,' gaat er door mij heen. Ik neem me voor om me open te stellen voor hulp en kies bewust een plek ergens midden in de zee van stoelen.

Iemand gaat naast me zitten en begint direct over mijn gesteldheid. Het is overduidelijk dat ik iets mankeer aan mijn rug. Ik antwoord dat het klopt en dat ik zo graag iemand leer kennen die iets voor mij kan betekenen. Ik leg uit dat ik de hele toer door de medische molen al gemaakt heb en dat ik te horen heb gekregen dat opereren nog maar weinig wordt gedaan omdat een hernia óf vanzelf overgaat óf toch weer terugkeert.

De vrouw pakt haar telefoon en zegt dat ze direct een appje naar haar zus stuurt die in een paar keer van haar hernia is afgeholpen. Aan het eind van de sessie zegt ze: "Kijk maar eens op Alberts Bunnik." Ze stapt op en verdwijnt in de mensenmassa.

De man in Bunnik doet aan magie. Hij legt mijn armen en benen op kussentjes van verschillende hoogte en vraagt dan om één hand of voet in een bepaalde stand te houden. Dan strijkt hij heel zachtjes over mijn huid en vraagt me weer rechtop te gaan zitten. Dit herhaalt zich vele malen en iedere keer voel ik dat er iets meer beweging in mijn lichaam zit. Hoewel ik nog met pijn in mijn rug de praktijk verlaat, is er duidelijk iets veranderd. In de keren dat ik daarna bij hem kom, gaat het steeds een beetje beter.

Tijdens de jaarwisseling gaan we naar mijn schoonfamilie in Rotterdam om daar het vuurwerk in de haven te bekijken. De binnenstad is natuurlijk niet te bereiken met een auto en het plan is om vanaf het huis van mijn zwager naar de metro te lopen, die te pakken en dan nog tien minuten naar de havens te lopen. Een mooi plan, maar mijn rug is nog lang niet genoeg hersteld om deze exercitie tot een goed einde te brengen. Gelukkig heeft mijn schoonzus connecties in de gezondheidszorg en regelt een rolstoel voor mij. Door de stad gereden worden, voortgeduwd door mijn zwager, is een prachtige ervaring. Een ultieme test in overgeven aan en ontvangen.

Vrede met je lichaam

Na nog een viertal behandelingen in het nieuwe jaar ben ik weer de oude. Sterker nog, mijn spieren zijn sterker, ze kunnen meer kracht leveren. En dat allemaal door enkel heel zachtjes weer evenwicht in mijn lichaam aan te brengen. Hoe wonderbaarlijk is het Goddelijk leven toch, als je Het maar het nodige werk kan laten doen.

Mijn hele leven, totdat ik deze hernia kreeg, ben ik ontevreden geweest over mijn lichaam. Ik vond dat ik harder moest kunnen fietsen, rennen, tillen, want dat was toch de functie van mijn lichaam. Ook vermoeidheid vond ik enkel maar lastig.

Pas als iets wegvalt, merk je hoe zeer je ervan genoten hebt. Zo is het ook met mijn lichaam. Ik heb het vijftig jaar lang niet voor vol aangezien, niet gevoeld hoe ongelofelijk mooi het in elkaar zit en op ieder moment mij ter dienst staat om de taken te volbrengen die ik me heb voorgenomen. En als het wat langzamer moet, omdat het lichaam niet meer kan leveren dan dit, dan is dat wat er is.

Human Design

Na het volgen van de marketingtrainingen weet ik genoeg om ook mijn praktijk op de kaart te zetten. Tenminste dat denk ik. Thuisgekomen dringt het tot me door dat alle informatie die ik heb gekregen ervanuit gaat dat je al een klantenbestand hebt en dat je dit gaat uitbreiden, verstevigen, meer gaat mensen benaderen door gebruik te maken van je tevreden klanten.

Het vinden van je eerste klanten wordt nergens belicht, evenals hoe je iets in de markt zet dat nog niemand kent. Lastig, lastig, lastig. En dus zoek ik verder en probeer op mijn manier om me op de kaart van helpend Nederland te zetten. Met weinig succes, helaas.

Na de zoveelste poging om een workshop op te starten, al is het maar met een paar man, zet ik op Facebook: Gezocht: tweede deelnemer aan mijn workshop 'Geef klank aan je passie'. Ik heb één iemand die mee wil doen, een tweede lijkt me wel noodzakelijk om de workshop door te laten gaan. Ik heb een prachtige locatie in het bos gevonden en het zou zo zonde zijn om deze niet te gebruiken.

Op mijn Facebookberichtje komt geen reactie, anders dan de bekende vier 'vind ik leuks' die ik altijd krijgt. Daarnaast vallen er, drie uur na elkaar twee e-mailberichten in mijn Postvak in. De strekking van beide berichten is vrijwel hetzelfde: "Weet jij iets van Human Design?". Aan beide dames vraag ik wat ze bedoelen en stuur hen vervolgens mijn geboortedatum, plaats en tijd op, omdat ze die nodig hebben om meer te kunnen vertellen. Van beide krijg ik terug "Dat dacht ik al, je bent een projector."

Mij zegt het niets dat ik 'een projector ben'. Maar de uitleg die ik krijg is zeer verhelderend en verklaart voor mij ook veel. Human design is een systeem waar je jaren studie aan kunt wijden en daarom is de uitleg die ik hier geef zeer summier en onvolledig. Wil je meer weten ga dan eens naar het internet en typ in Human Design, er zijn drie-en-een-half miljard pagina's te lezen.

Human Design, wat een combinatie is van tarot, astrologie, I Ching en chakraleer, onderscheidt vier verschillende basistype mensen. De manifestor is de persoon met echt nieuwe ideeën, zoals de trein, het vliegtuig en de computer. De grootste groep zijn de generatoren die met deze ideeën aan de slag gaan om ze praktisch in de wereld neer te zetten. Dan zijn er de reflectoren die bekijken wat er nu eigenlijk terechtgekomen is van de alle plannen. Deze drie groepen passen bij elkaar, ook wat aura betreft.

De laatste groep is die van de projectoren. Een op de vijf mensen is een projector en voor deze groep mensen werkt de wereld net even anders. Projectoren zijn een nieuw type mens dat sinds ongeveer 1750 geboren wordt en de taak van deze groep is om de overgang naar de vijfde dimensie voor te bereiden.

Daar waar generatoren, manifestoren en reflectoren bezig zijn met de materiële wereld en hoe deze op de meest productieve manier vorm te geven, kijkt een projector met een andere blik. Namelijk hoe komen we van hier naar een wereld die voor iedereen rechtvaardig is. Het maakt dat een projector, in het contact met een generator, heel snel aanvoelt, ziet of kan benoemen waar de intentie van een project niet klopt of verbeterd kan worden.

Dat is een gave, maar tegelijkertijd een vloek. Want de meeste generatoren zitten niet te wachten op iemand die dwars door hen heen kijkt en de vinger precies op de zere plek legt. Meestal wordt de projector dan ook snel terzijde gezet met een 'dat gaat toch niet lukken'. De kunst voor een projector is te wachten totdat iemand klaar is om de informatie te ontvangen, die beschikbaar komt.

Voor mij maakt deze typering een heleboel duidelijk. Heel vaak zie ik andere mogelijkheden. Als ik die dan probeer uit te leggen, vind ik meestal weerstand en probeer ik nog beter te laten zien wat ik bedoel. De ander is er niet klaar voor en begrijpt niet waar ik het over heb. Het eindresultaat is dat ik uitgeput en verbitterd met mijn inzicht blijf zitten.

Het grootste deel van de mensheid bestaat op dit moment uit generatoren. Het is dan ook niet gek dat hun manier van dingen aanpakken gepresenteerd wordt als 'zo werkt het'. Plannen maken, uitwerken en in de wereld zetten is het devies. Maar er is dus nog een andere manier om in het leven te staan. Wachten op de uitnodiging, zoals dat in Human Design wordt gezegd, is iets dat ik mezelf helemaal eigen mag gaan maken. Want veel voorbeelden van hoe je dit nu precies doet, zijn er niet.

Visualiseren van je toekomst

Een bekende generator methode is om te visualiseren wat je in de toekomst wilt bereiken. Het idee is dat als je precies weet wat je wilt en het voor je ziet in een beeld, of nog liever op een vision board, dan zal het zich in je leven manifesteren. En de succesverhalen zijn legio. Het huis dat ik visualiseerde, stond ineens te koop, het contract viel me zomaar in mijn schoot.

De vraag die ik me stel is: maak je een plaatje *van* de toekomst, of krijg je door het doen van zo'n oefening even een kijkje *in* de toekomst?

Misschien lijkt het niet veel uit te maken. Het grote verschil zit er voor mij in dat als je een plaatje *van* de toekomst maakt, je gelooft dat je met gedachtekracht die toekomst manifesteert. Krijg je een kijkje *in* de toekomst, dan zie je wat er mogelijk is vanuit de plek waar je nu staat en de dingen die je tot nu toe gedaan hebt. Je hoeft enkel nog te reageren op de borden langs je pad om uiteindelijk in de toekomst die je zag, uit te komen. Het universum is dan je gids.

Het huis verkopen

We hebben al een aantal keer op het punt gestaan om ons huis te verkopen. Het is erg groot, zeker nu de kinderen in het westen van het land hun eigen stek hebben gevonden. Toch spreekt veel tegen dit idee. Ten eerste is de huizenmarkt volledig ingestort na de wereldwijde recessie. Daarnaast is er het probleem van terugval in inkomen. Ook is en blijft het de woning waar onze kinderen zijn opgegroeid en dat laat je niet zomaar los.

Dan ineens is er dat gevoel: 'We moeten het huis nu verkopen.' Het is niet van mij afkomstig en ik vraag me af waarom juist nu. Dan mailt iemand, waarmee ik ooit de straatspeeldag heb georganiseerd, met de vraag of ik voor haar een Excelprobleem kan oplossen. Tuurlijk kan ik dat en verheugd vertrek ik naar haar werkplek.

Tijdens het ontwikkelen van de applicatie, wat ik op locatie doe vanwege de gevoeligheid van de gegevens, praten we over wat er in ons leven gebeurt. Zij heeft net een ander huis gekocht en haar huis is, ondanks de slappe markt, heel snel verkocht. Ze is zeer te spreken over de makelaar. Hij klinkt inderdaad als iemand met wie wij ook goed overweg kunnen.

Na nog meer wikken en wegen, wordt de knoop doorgehakt en geven we de makelaar opdracht om ons huis te verkopen. Als we weg willen dan moet het nu, want de inkomsten van vorig jaar vallen verbazingwekkend mee. Op deze cijfers kunnen we nog een hypotheek krijgen. De inkomsten van dit jaar zullen daarentegen zeker tegenvallen.

Weer passen we het makelaarsverfje toe, wel iets meer dan dat. Het huis ziet er tiptop uit en we zorgen zelfs voor nieuw beddengoed. Iedere bezichtiging is een exercitie in het in orde maken van het huis. Bedden opmaken, spullen aan kant en wegwezen. Geheel tegen de verwachting in komen er best wel wat mensen kijken. Het is, zoals gezegd, een merkwaardig huis en een vergelijkbaar huis in de wijk staat al meer dan zes maanden te koop. Ons huis wordt echter een paar dagen voor de landelijke open huizen dag verkocht.

We kunnen ons geluk niet op. De prijs die betaald is, ligt dicht bij onze vraagprijs. Het plan dat we hebben, om kleiner te gaan wonen en dan ook nog geld over te houden om mij een jaar de mogelijkheid te geven om echt voor mijn praktijk te gaan, lijkt uit te komen.

Vol goede moed gaan we op zoek naar een ander huis. Nu ons huis verkocht is, moet dat niet zo'n probleem zijn. We vinden een mooie stek, met een grote tuin, niet te veel oppervlakte en voor een prijs die precies klopt.

Als we de makelaar bellen, klinkt die enigszins benauwd. We zijn al de zoveelste die bellen en hij wil graag vasthouden aan een half uur per bezichtiging, maar weet niet zo goed hoe dat moet. Of we ook in twintig minuten kunnen kijken.

Dit is het begin van een race die we al eerder hebben meegemaakt. De woningmarkt is weer ontploft. Niet ons noeste werk aan onze woning is de reden geweest dat het zo snel verkocht is. Het is ineens weer hot om een huis te kopen.

En zo brengen we een bod, dichtbij de vraagprijs, uit op het huis dat we gevonden hebben en worden een dag later teruggebeld door de makelaar met de mededeling dat we

overboden zijn. Ik hoor de verbazing in zijn stem als hij zegt: "Ik mag niets over het bod zeggen, maar u bent niet zomaar overboden, maar met enkele tienduizenden euro's."
We bezoeken, bekijken, bieden op, heel veel huizen. Meestal vinden we iemand tegenover ons die zegt geen hypotheek nodig te hebben, die het zo wel kan betalen.
Bij de laatste woning die we vinden zijn we wel een van de eersten. Ook blijven we hier in de race en bieden uiteindelijk over de vraagprijs en zijn zelfs bereid om duizend euro extra te betalen voor een stapel haardhout. Maar ergens klopt het niet, het huis is echt heel klein en de tuin grenst aan een elektriciteitshuisje waarvan ik de energie kan voelen. Hoe moeilijk het ook is, we trekken de stekker uit de aankoop. De verkopende partij probeert van alles te bedenken om ons toch over te halen, hij begrijpt niet waarom deze argumenten ineens zo zwaar wegen. Soms zijn er dingen die niet te begrijpen zijn.
Uiteindelijk vinden we, drie weken voordat we uit ons oude huis moeten vertrekken, een huurflat op de tweede verdieping. Helemaal niet wat ik wilde. Ik heb altijd gedacht dat een huurhuis een minder iets was. Het is niet van jezelf en je bouwt ook geen bezit op. Maar zoals alles in het leven, is dit voor mij een les om te leren. Heel veel mensen wonen in een huurhuis en zijn helemaal gelukkig. Kapitaal opbouwen is ook maar een idee, want uiteindelijk ga je dood en meenemen, kun je het niet.
Nog steeds willen we graag naar een huis op de begane grond, met een tuin. Heel erg burgerlijk, maar daarom niet minder gewenst.

Geld om uit te geven

Het resultaat van deze actie is dat we gekregen hebben wat we wilden. We wonen kleiner en er is geld over voor mij om rustig aan mijn praktijk te werken. Sterker nog er is wel meer dan dat. Gelukkig maar, want ook de auto is nodig aan vervanging toe. En studerende kinderen kunnen wel een financieel steuntje in de rug gebruiken. Daarnaast vervullen we een langgekoesterde wens en gaan een week naar New York, een reis om nooit meer te vergeten. En bezoek ik mijn dierbare vriend Ernie.

Hoe gaat het verhaal verder? Ik heb geen idee. Maar zoals Ernie zei: "Waar dat vandaan gekomen is, is er nog veel meer." Ik ga ervanuit dat hij daarmee bedoelt dat als ik het Goddelijke maar blijf volgen ik wel weer inkomen ga vinden.

Een tekst van meer dan 25 jaar geleden

Terwijl ik aan het schrijven ben, komt mijn zoon onverwachts weer (even) bij ons wonen. Om een slaapplek voor hem te maken, verhuis ik mijn werkplek naar achterin onze slaapkamer. Bij het opruimen van mijn bureau vind ik een oude tekst, die ik meer dan 25 jaar geleden heb geschreven. Ik was toen net naar een astroloog geweest die heeft gezegd dat ik iets met mijn stem moet gaan doen. Ik begreep maar half wat me verteld werd, en toch ga ik zitten en schrijf het volgende aan mezelf:

Lieve Jeroen,

Engel van Licht, want dat ben je.
Laat je licht schijnen. Jouw pad is het om een licht van de wereld te zijn. Niet om de ander te veranderen, maar om de ander uit te nodigen. Zing het lied: "Het licht schijnt overal, ook in jou."
Je vraagt je natuurlijk af hoe. Alles kan ik je nog niet vertellen, want dan zul je ineenkrimpen. Maar wat ik wel kan zeggen is dat je op de goede weg bent. En ... ga spreken, veel spreken. Hoewel je geen houvast nodig hebt, raad ik je aan om een verhaal voor te bereiden. Niet dat je dat zal vertellen, maar het zal je helpen om niet zenuwachtig te zijn. Zoals de astroloog al zei: "Gebruik je stem om de Engelen te wekken."

Het is verbazingwekkend hoe juist deze tekst het pad beschrijft dat ik de afgelopen jaren heb bewandeld. En hoe waar is het dat ik toen ineengekrompen was als ik wist wat ik nu doe en van plan ben om te gaan neerzetten.

Je weet enkel dat wat je nodig hebt

Nu ik de laatste paragraaf van mijn boek schrijf, kan ik terugkijken op alles wat er in mijn leven is gebeurd. Ik zie hoe ik stapje voor stapje naar de juiste plekken en mensen ben geleid en hoe ik ook steeds weer precies dat te horen heb gekregen wat nodig was om de volgende stap te (durven) nemen. Want als ik bij mijn eerste stemworkshop gehoord had dat ik voor een groep mensen zou gaan zingen, was ik nooit verder gegaan. Het universum is werkelijk oneindig keer intelligenter dan wij ons ooit kunnen voorstellen. Het weet wat goed voor ons is, wat we nodig hebben en over welke horden we kunnen springen om tot ons volle potentieel te groeien.

Ik hoop dat ik met dit boek een zaadje in jouw bewustzijn heb kunnen leggen om dichter met het Goddelijke te leven dat ons leven heeft gegeven. Als je meer wilt begrijpen van de gedachten van waaruit ik leef, nodig ik je van harte uit om de teksten van Christus Keert Terug eens te bestuderen.

Het zetten van een intentie werkt

Een van de mooie principes die ik geleerd heb in de trainingen is het zetten van een intentie. Aan het begin van het schrijven van dit boek nam ik me voor om iedere dag één uur te besteden aan het schrijven van mijn boek. Daarmee voeg ik dan duizend woorden toe aan mijn boek.

De intentie om in 28 dagen het werk te voltooien bleek een brug te ver. Blijkbaar was er nog het een en ander waaraan ik werken moest voordat ik bereid was om er volledig voor te gaan. Daarnaast wilde ik een boek schrijven met ongeveer honderd bladzijden en zo'n 30.000 woorden. Het zijn er 214 geworden en meer dan 53.000 woorden. Want om te laten zien hoe één gebeurtenis in mijn leven leidde tot een ander, moet ik soms meer vertellen dan ik in mijn eerste opzet had bedacht. Er is nog een hele lijst met dingen die ik niet heb beschreven. Wie weet schrijf ik die nog een keer in een blog, of maak ik nog een tweede, dunnere versie.

Het schrijven van het boek is een ware ontdekkingstocht in mezelf geweest. Ik zie nu beter wie ik ben, hoe ik handel, waar mijn talenten liggen en ook waar ik nog meer mag doorpakken in plaats van twijfelen en weer iets anders bedenken.

.

Gebed

Hieronder vind je gebed zoals dat in de Brieven staat. Lees het en laat de wonderbaarlijke schoonheid van het universum waarin we leven tot je doordringen:

VADER-MOEDER LEVEN,
jij bent mijn leven, mijn voortdurende ondersteuning,
mijn gezondheid, mijn bescherming,
mijn volmaakte vervulling van iedere behoefte
en mijn hoogste inspiratie.

Ik vraag je om de ware Realiteit van Jezelf
aan mij te openbaren.
Ik weet dat het jouw WIL is
dat ik volledig door licht omgeven zal zijn,
zodat ik het gewaarzijn van Jouw Aanwezigheid
binnenin en om mij heen beter kan ontvangen.
Ik weet en geloof dat dit mogelijk is.
Ik geloof dat jij mij beschermt en in stand houdt
in volmaakte LIEFDE.
Ik weet dat het mijn uiteindelijke *bedoeling* is
om JOU UIT TE DRUKKEN.

Terwijl ik tegen jou praat weet ik
dat je volmaakt ontvankelijk bent voor mij,
want jij bent UNIVERSELE LIEFDEVOLLE INTELLIGENTIE
die deze wereld zo prachtig heeft ontworpen
en haar in zichtbare vorm heeft gebracht.

Ik weet dat, wanneer ik JOU vraag tegen mij te praten,
ik een bewustzijnszoeklicht in jouw Goddelijk Bewustzijn stuur
en terwijl ik luister,
zul JIJ mijn menselijk bewustzijn binnendringen
en almaar dichter bij mijn steeds meer
ontvankelijke geest en hart komen.

Ik vertrouw mijzelf en mijn leven toe aan jouw zorg

Divinefulness

Mijn reis heeft me uiteindelijk gebracht om mijn missie om te zetten in een woord, Divinefulness. Dit als reactie op de mindfulness stroming die nu de wereld verovert. "Het is niet mindfulness, maar Divinefulness," dacht ik een aantal jaar geleden. Divinefulness staat voor vol zijn van het Goddelijke, God-Volheid zou je dat in het Nederlands kunnen noemen.

Kijk eens op Divinefulness.info. Daar vind je o.a. informatie over:

- een healingtechniek, genaamd 888HQZ die zich richt op het overgeven van de genezing van ieder probleem aan het Goddelijke door het gebruik van vier eenvoudige zinnen.
- Het resultaat van twintig jaar bezig zijn met tarot en numerologie in de vorm van de taroscope, die je in beeldende vorm zicht geeft op wie je bent en waar je kwaliteiten liggen
- Hypnose, NLP en stem verbonden met het gegeven van het Goddelijk universum waarin wij leven. Hiermee kunnen in zeer korte tijd hele diepe transformaties worden bewerkstelligd, die door het Goddelijk contact blijvend zijn.
- 60 dagen in de bergen met het Goddelijke: een ongekende reis in het overgeven van je leven aan de leiding van het Universum
- Christus meditatie, waarin je leert om de stilte en verstilling van het Goddelijke te ontvangen.

Jeroen: 06 – 12 52 40 55, ja@divinefulness.info

www.ingramcontent.com/pod-product-compliance
Lightning Source LLC
Chambersburg PA
CBHW062208080426
42734CB00010B/1841